TRANZLATY

El idioma es para todos

Language is for everyone

El llamado de lo salvaje

The Call of the Wild

Jack London

Español / English

Hacia lo primitivo
Into the Primitive

Buck no leía los periódicos.
Buck did not read the newspapers.
Si hubiera leído los periódicos habría sabido que se avecinaban problemas.
Had he read the newspapers he would have known trouble was brewing.
Hubo problemas, no sólo para él sino para todos los perros de la marea.
There was trouble not alone for himself, but for every tidewater dog.
Todo perro con músculos fuertes y pelo largo y cálido iba a estar en problemas.
Every dog strong of muscle and with warm, long hair was going to be in trouble.
Desde Puget Bay hasta San Diego ningún perro podía escapar de lo que se avecinaba.
From Puget Bay to San Diego no dog could escape what was coming.
Los hombres, a tientas en la oscuridad del Ártico, encontraron un metal amarillo.
Men, groping in the Arctic darkness, had found a yellow metal.
Las compañías navieras y de transporte iban en busca del descubrimiento.
Steamship and transportation companies were chasing the discovery.
Miles de hombres se precipitaron hacia el norte.
Thousands of men were rushing into the Northland.
Estos hombres querían perros, y los perros que querían eran perros pesados.
These men wanted dogs, and the dogs they wanted were heavy dogs.
Perros con músculos fuertes para trabajar.
Dogs with strong muscles by which to toil.

Perros con abrigos peludos para protegerlos de las heladas.
Dogs with furry coats to protect them from the frost.

Buck vivía en una casa grande en el soleado valle de Santa Clara.
Buck lived at a big house in the sun-kissed Santa Clara Valley.
El lugar del juez Miller, se llamaba su casa.
Judge Miller's place, his house was called.
Su casa estaba apartada de la carretera, medio oculta entre los árboles.
His house stood back from the road, half hidden among the trees.
Se podían ver destellos de la amplia terraza que rodeaba la casa.
One could get glimpses of the wide veranda running around the house.
Se accedía a la casa mediante caminos de grava.
The house was approached by graveled driveways.
Los caminos serpenteaban a través de amplios prados.
The paths wound about through wide-spreading lawns.
Allá arriba se veían las ramas entrelazadas de altos álamos.
Overhead were the interlacing boughs of tall poplars.
En la parte trasera de la casa las cosas eran aún más espaciosas.
At the rear of the house things were on even more spacious.
Había grandes establos, donde una docena de mozos de cuadra charlaban.
There were great stables, where a dozen grooms were chatting
Había hileras de casas de servicio cubiertas de enredaderas.
There were rows of vine-clad servants' cottages
Y había una interminable y ordenada serie de letrinas.
And there was an endless and orderly array of outhouses
Largos parrales, verdes pastos, huertos y campos de bayas.
Long grape arbors, green pastures, orchards, and berry patches.
Luego estaba la planta de bombeo del pozo artesiano.
Then there was the pumping plant for the artesian well.

Y allí estaba el gran tanque de cemento lleno de agua.

And there was the big cement tank filled with water.

Aquí los muchachos del juez Miller dieron su chapuzón matutino.

Here Judge Miller's boys took their morning plunge.

Y allí también se refrescaron en la calurosa tarde.

And they cooled down there in the hot afternoon too.

Y sobre este gran dominio, Buck era quien lo gobernaba todo.

And over this great domain, Buck was the one who ruled all of it.

Buck nació en esta tierra y vivió aquí todos sus cuatro años.

Buck was born on this land and lived here all his four years.

Efectivamente había otros perros, pero realmente no importaban.

There were indeed other dogs, but they did not truly matter.

En un lugar tan vasto como éste se esperaban otros perros.

Other dogs were expected in a place as vast as this one.

Estos perros iban y venían, o vivían dentro de las concurridas perreras.

These dogs came and went, or lived inside the busy kennels.

Algunos perros vivían escondidos en la casa, como Toots e Ysabel.

Some dogs lived hidden in the house, like Toots and Ysabel did.

Toots era un pug japonés, Ysabel una perra mexicana sin pelo.

Toots was a Japanese pug, Ysabel a Mexican hairless dog.

Estas extrañas criaturas rara vez salían de la casa.

These strange creatures rarely stepped outside the house.

No tocaron el suelo ni olieron el aire libre del exterior.

They did not touch the ground, nor sniff the open air outside.

También estaban los fox terriers, al menos veinte en número.

There were also the fox terriers, at least twenty in number.

Estos terriers le ladraron ferozmente a Toots y a Ysabel dentro de la casa.

These terriers barked fiercely at Toots and Ysabel indoors.

Toots e Ysabel se quedaron detrás de las ventanas, a salvo de todo daño.

Toots and Ysabel stayed behind windows, safe from harm.

Estaban custodiados por criadas con escobas y trapeadores.

They were guarded by housemaids with brooms and mops.

Pero Buck no era un perro de casa ni tampoco de perrera.

But Buck was no house-dog, and he was no kennel-dog either.

Toda la propiedad pertenecía a Buck como su legítimo reino.

The entire property belonged to Buck as his rightful realm.

Buck nadaba en el tanque o salía a cazar con los hijos del juez.

Buck swam in the tank or went hunting with the Judge's sons.

Caminaba con Mollie y Alice temprano o tarde.

He walked with Mollie and Alice in the early or late hours.

En las noches frías yacía junto al fuego de la biblioteca con el juez.

On cold nights he lay before the library fire with the Judge.

Buck llevaba a los nietos del juez en su fuerte espalda.

Buck gave rides to the Judge's grandsons on his strong back.

Se revolcó en el césped con los niños, vigilándolos de cerca.

He rolled in the grass with the boys, guarding them closely.

Se aventuraron hasta la fuente e incluso pasaron por los campos de bayas.

They ventured to the fountain and even past the berry fields.

Entre los fox terriers, Buck caminaba siempre con orgullo real.

Among the fox terriers, Buck walked with royal pride always.

Él ignoró a Toots y Ysabel, tratándolos como si fueran aire.

He ignored Toots and Ysabel, treating them like they were air.

Buck reinaba sobre todas las criaturas vivientes en la tierra del juez Miller.

Buck ruled over all living creatures on Judge Miller's land.

Él gobernaba a los animales, a los insectos, a los pájaros e incluso a los humanos.

He ruled over animals, insects, birds, and even humans.

El padre de Buck, Elmo, había sido un San Bernardo enorme y leal.

Buck's father Elmo had been a huge and loyal St. Bernard.

Elmo nunca se apartó del lado del juez y le sirvió fielmente.

Elmo never left the Judge's side, and served him faithfully.

Buck parecía dispuesto a seguir el noble ejemplo de su padre.

Buck seemed ready to follow his father's noble example.

Buck no era tan grande: pesaba ciento cuarenta libras.

Buck was not quite as large, weighing one hundred and forty pounds.

Su madre, Shep, había sido una excelente perra pastor escocesa.

His mother, Shep, had been a fine Scotch shepherd dog.

Pero incluso con ese peso, Buck caminaba con presencia majestuosa.

But even at that weight, Buck walked with regal presence.

Esto fue gracias a la buena comida y al respeto que siempre recibió.

This came from good food and the respect he always received.

Durante cuatro años, Buck había vivido como un noble mimado.

For four years, Buck had lived like a spoiled nobleman.

Estaba orgulloso de sí mismo y hasta era un poco egoísta.

He was proud of himself, and even slightly egotistical.

Ese tipo de orgullo era común entre los señores de países remotos.

That kind of pride was common in remote country lords.

Pero Buck se salvó de convertirse en un perro doméstico mimado.

But Buck saved himself from becoming pampered house-dog.

Se mantuvo delgado y fuerte gracias a la caza y el ejercicio.

He stayed lean and strong through hunting and exercise.

Amaba profundamente el agua, como la gente que se baña en lagos fríos.

He loved water deeply, like people who bathe in cold lakes.

Este amor por el agua mantuvo a Buck fuerte y muy saludable.

This love for water kept Buck strong, and very healthy.

Éste era el perro en que se había convertido Buck en el otoño de 1897.

This was the dog Buck had become in the fall of 1897.

Cuando la huelga de Klondike arrastró a los hombres hacia el gélido Norte.

When the Klondike strike pulled men to the frozen North.

La gente acudió en masa desde todos los rincones del mundo hacia aquella tierra fría.

People rushed from all over the world into the cold land.

Buck, sin embargo, no leía los periódicos ni entendía las noticias.

Buck, however, did not read the papers, nor understand news.

Él no sabía que Manuel era un mal hombre con quien estar.

He did not know Manuel was a bad man to be around.

Manuel, que ayudaba en el jardín, tenía un problema profundo.

Manuel, who helped in the garden, had a deep problem.

Manuel era adicto al juego de la lotería china.

Manuel was addicted to gambling in the Chinese lottery.

También creía firmemente en un sistema fijo para ganar.

He also believed strongly in a fixed system for winning.

Esa creencia hizo que su fracaso fuera seguro e inevitable.

That belief made his failure certain and unavoidable.

Jugar con un sistema exige dinero, del que Manuel carecía.

Playing a system demands money, which Manuel lacked.

Su salario apenas alcanzaba para mantener a su esposa y a sus numerosos hijos.

His pay barely supported his wife and many children.

La noche en que Manuel traicionó a Buck, las cosas estaban normales.

On the night Manuel betrayed Buck, things were normal.

El juez estaba en una reunión de la Asociación de Productores de Pasas.

The Judge was at a Raisin Growers' Association meeting.

Los hijos del juez estaban entonces ocupados formando un club atlético.

The Judge's sons were busy forming an athletic club then.

Nadie vio a Manuel y Buck salir por el huerto.

No one saw Manuel and Buck leaving through the orchard.

Buck pensó que esta caminata era simplemente un simple paseo nocturno.

Buck thought this walk was just a simple nighttime stroll.

Se encontraron con un solo hombre en la estación de la bandera, en College Park.

They met only one man at the flag station, in College Park.

Ese hombre habló con Manuel y intercambiaron dinero.

That man spoke to Manuel, and they exchanged money.

"Envuelva la mercancía antes de entregarla", sugirió.

"Wrap up the goods before you deliver them," he suggested.

La voz del hombre era áspera e impaciente mientras hablaba.

The man's voice was rough and impatient as he spoke.

Manuel ató cuidadosamente una cuerda gruesa alrededor del cuello de Buck.

Manuel carefully tied a thick rope around Buck's neck.

"Si retuerces la cuerda, lo estrangularás bastante"

"Twist the rope, and you'll choke him plenty"

El extraño emitió un gruñido, demostrando que entendía bien.

The stranger gave a grunt, showing he understood well.

Buck aceptó la cuerda con calma y tranquila dignidad ese día.

Buck accepted the rope with calm and quiet dignity that day.

Fue un acto inusual, pero Buck confiaba en los hombres que conocía.

It was an unusual act, but Buck trusted the men he knew.

Él creía que su sabiduría iba mucho más allá de su propio pensamiento.

He believed their wisdom went far beyond his own thinking.

Pero entonces la cuerda fue entregada a manos del extraño.

But then the rope was handed to the hands of the stranger.

Buck emitió un gruñido bajo que advertía con una amenaza silenciosa.

Buck gave a low growl that warned with quiet menace.

Era orgulloso y autoritario y quería mostrar su descontento.

He was proud and commanding, and meant to show his displeasure.

Buck creyó que su advertencia sería entendida como una orden.

Buck believed his warning would be understood as an order.

Para su sorpresa, la cuerda se tensó rápidamente alrededor de su grueso cuello.

To his shock, the rope tightened fast around his thick neck.

Se quedó sin aire y comenzó a luchar con una furia repentina.

His air was cut off and he began to fight in a sudden rage.

Saltó hacia el hombre, quien rápidamente se encontró con Buck en el aire.

He sprang at the man, who quickly met Buck in mid-air.

El hombre agarró la garganta de Buck y lo retorció hábilmente en el aire.

The man grabbed Buck's throat and skillfully twisted him in the air.

Buck fue arrojado al suelo con fuerza, cayendo de espaldas.

Buck was thrown down hard, landing flat on his back.

La cuerda ahora lo estrangulaba cruelmente mientras él pateaba salvajemente.

The rope now choked him cruelly while he kicked wildly.

Se le cayó la lengua, su pecho se agitó, pero no recuperó el aliento.

His tongue fell out, his chest heaved, but gained no breath.

Nunca había sido tratado con tanta violencia en su vida.

He had never been treated with such violence in his life.

Tampoco nunca antes se había sentido tan lleno de furia.

He had also never been filled with such deep fury before.

Pero el poder de Buck se desvaneció y sus ojos se volvieron vidriosos.

But Buck's power faded, and his eyes turned glassy.

Se desmayó justo cuando un tren se detuvo cerca.

He passed out just as a train was flagged down nearby.

Luego los dos hombres lo arrojaron rápidamente al vagón de equipaje.

Then the two men tossed him into the baggage car quickly.

Lo siguiente que sintió Buck fue dolor en su lengua hinchada.

The next thing Buck felt was pain in his swollen tongue.

Se desplazaba en un carro tambaleante, apenas consciente.

He was moving in a shaking cart, only dimly conscious.

El agudo grito del silbato del tren le indicó a Buck su ubicación.

The sharp scream of a train whistle told Buck his location.

Había viajado muchas veces con el Juez y conocía esa sensación.

He had often ridden with the Judge and knew the feeling.

Fue una experiencia única viajar nuevamente en un vagón de equipajes.

It was the unique jolt of traveling in a baggage car again.

Buck abrió los ojos y su mirada ardía de rabia.

Buck opened his eyes, and his gaze burned with rage.

Esta fue la ira de un rey orgulloso destronado.

This was the anger of a proud king taken from his throne.

Un hombre intentó agarrarlo, pero Buck lo atacó primero.

A man reached to grab him, but Buck struck first instead.

Hundió los dientes en la mano del hombre y la sujetó con fuerza.

He sank his teeth into the man's hand and held tightly.

No lo soltó hasta que se desmayó por segunda vez.

He did not let go until he blacked out a second time.

—Sí, tiene ataques —murmuró el hombre al maletero.

"Yep, has fits," the man muttered to the baggageman.

El maletero había oído la lucha y se acercó.

The baggageman had heard the struggle and come near.

"Lo llevaré a Frisco para el jefe", explicó el hombre.

"I'm taking him to 'Frisco for the boss," the man explained.

"Allí hay un buen veterinario que dice poder curarlos".

"There's a fine dog-doctor there who says he can cure them."

Más tarde esa noche, el hombre dio su propio relato completo.

Later that night the man gave his own full account.

Habló desde un cobertizo detrás de un salón en los muelles.
He spoke from a shed behind a saloon on the docks.
"Lo único que me dieron fueron cincuenta dólares", se quejó al tabernero.
"All I was given was fifty dollars," he complained to the saloon man.
"No lo volvería a hacer ni por mil dólares en efectivo".
"I wouldn't do it again, not even for a thousand in cold cash."
Su mano derecha estaba fuertemente envuelta en un paño ensangrentado.
His right hand was tightly wrapped in a bloody cloth.
La pernera de su pantalón estaba abierta de par en par desde la rodilla hasta el pie.
His trouser leg was torn wide open from knee to foot.
—¿Cuánto le pagaron al otro tipo? —preguntó el tabernero.
"How much did the other mug get paid?" asked the saloon man.
"Cien", respondió el hombre, "no aceptaría ni un centavo menos".
"A hundred," the man replied, "he wouldn't take a cent less."
—Eso suma ciento cincuenta —dijo el tabernero.
"That comes to a hundred and fifty," the saloon man said.
"Y él lo vale todo, o no soy más que un idiota".
"And he's worth it all, or I'm no better than a blockhead."
El hombre abrió los envoltorios para examinar su mano.
The man opened the wrappings to examine his hand.
La mano estaba gravemente desgarrada y cubierta de sangre seca.
The hand was badly torn and crusted in dried blood.
"Si no consigo la hidrofobia…" empezó a decir.
"If I don't get the hydrophobia…" he began to say.
"Será porque naciste para la horca", dijo entre risas.
"It'll be because you were born to hang," came a laugh.
"Ven a ayudarme antes de irte", le pidieron.
"Come help me out before you get going," he was asked.
Buck estaba aturdido por el dolor en la lengua y la garganta.
Buck was in a daze from the pain in his tongue and throat.

Estaba medio estrangulado y apenas podía mantenerse en pie.

He was half-strangled, and could barely stand upright.

Aún así, Buck intentó enfrentar a los hombres que lo habían lastimado.

Still, Buck tried to face the men who had hurt him so.

Pero lo derribaron y lo estrangularon una vez más.

But they threw him down and choked him once again.

Sólo entonces pudieron quitarle el pesado collar de bronce.

Only then could they saw off his heavy brass collar.

Le quitaron la cuerda y lo metieron en una caja.

They removed the rope and shoved him into a crate.

La caja era pequeña y tenía la forma de una tosca jaula de hierro.

The crate was small and shaped like a rough iron cage.

Buck permaneció allí toda la noche, lleno de ira y orgullo herido.

Buck lay there all night, filled with wrath and wounded pride.

No podía ni siquiera empezar a comprender lo que le estaba pasando.

He could not begin to understand what was happening to him.

¿Por qué estos hombres extraños lo mantenían en esa pequeña caja?

Why were these strange men keeping him in this small crate?

¿Qué querían de él y por qué este cruel cautiverio?

What did they want with him, and why this cruel captivity?

Sintió una presión oscura; una sensación de desastre que se acercaba.

He felt a dark pressure; a sense of disaster drawing closer.

Era un miedo vago, pero que se apoderó pesadamente de su espíritu.

It was a vague fear, but it settled heavily on his spirit.

Saltó varias veces cuando la puerta del cobertizo vibró.

Several times he jumped up when the shed door rattled.

Esperaba que el juez o los muchachos aparecieran y lo rescataran.

He expected the Judge or the boys to appear and rescue him.

Pero cada vez sólo se asomaba el rostro gordo del tabernero.

But only the saloon-keeper's fat face peeked inside each time.

El rostro del hombre estaba iluminado por el tenue resplandor de una vela de sebo.

The man's face was lit by the dim glow of a tallow candle.

Cada vez, el alegre ladrido de Buck cambiaba a un gruñido bajo y enojado.

Each time, Buck's joyful bark changed to a low, angry growl.

El tabernero lo dejó solo durante la noche en el cajón.

The saloon-keeper left him alone for the night in the crate

Pero cuando se despertó por la mañana, venían más hombres.

But when he awoke in the morning more men were coming.

Llegaron cuatro hombres y recogieron la caja con cuidado y sin decir palabra.

Four men came and gingerly picked up the crate without a word.

Buck supo de inmediato en qué situación se encontraba.

Buck knew at once the situation he found himself in.

Eran otros torturadores contra los que tenía que luchar y a los que tenía que temer.

They were further tormentors that he had to fight and fear.

Estos hombres parecían malvados, andrajosos y muy mal arreglados.

These men looked wicked, ragged, and very badly groomed.

Buck gruñó y se abalanzó sobre ellos ferozmente a través de los barrotes.

Buck snarled and lunged at them fiercely through the bars.

Ellos simplemente se rieron y lo golpearon con largos palos de madera.

They just laughed and jabbed at him with long wooden sticks.

Buck mordió los palos y luego se dio cuenta de que eso era lo que les gustaba.

Buck bit at the sticks, then realized that was what they liked.

Así que se quedó acostado en silencio, hosco y ardiendo de rabia silenciosa.

So he lay down quietly, sullen and burning with quiet rage.

Subieron la caja a un carro y se fueron con él.

They lifted the crate into a wagon and drove away with him.

La caja, con Buck encerrado dentro, cambiaba de manos a menudo.

The crate, with Buck locked inside, changed hands often.

Los empleados de la oficina exprés se hicieron cargo de él y lo atendieron brevemente.

Express office clerks took charge and handled him briefly.

Luego, otro carro transportó a Buck a través de la ruidosa ciudad.

Then another wagon carried Buck across the noisy town.

Un camión lo llevó con cajas y paquetes a un ferry.

A truck took him with boxes and parcels onto a ferry boat.

Después de cruzar, el camión lo descargó en una estación ferroviaria.

After crossing, the truck unloaded him at a rail depot.

Finalmente, colocaron a Buck dentro de un vagón expreso que lo esperaba.

At last, Buck was placed inside a waiting express car.

Durante dos días y dos noches, los trenes arrastraron el vagón expreso.

For two days and nights, trains pulled the express car away.

Buck no comió ni bebió durante todo el doloroso viaje.

Buck neither ate nor drank during the whole painful journey.

Cuando los mensajeros expresos intentaron acercarse a él, gruñó.

When the express messengers tried to approach him, he growled.

Ellos respondieron burlándose de él y molestándolo cruelmente.

They responded by mocking him and teasing him cruelly.

Buck se arrojó contra los barrotes, echando espuma y temblando.

Buck threw himself at the bars, foaming and shaking

Se rieron a carcajadas y se burlaron de él como matones del patio de la escuela.

they laughed loudly, and taunted him like schoolyard bullies.

Ladraban como perros de caza y agitaban los brazos.

They barked like fake dogs and flapped their arms.

Incluso cantaron como gallos sólo para molestarlo más.

They even crowed like roosters just to upset him more.

Fue un comportamiento tonto y Buck sabía que era ridículo.

It was foolish behavior, and Buck knew it was ridiculous.

Pero eso sólo profundizó su sentimiento de indignación y vergüenza.

But that only deepened his sense of outrage and shame.

Durante el viaje no le molestó mucho el hambre.

He was not bothered much by hunger during the trip.

Pero la sed traía consigo un dolor agudo y un sufrimiento insoportable.

But thirst brought sharp pain and unbearable suffering.

Su garganta y lengua secas e inflamadas ardían de calor.

His dry, inflamed throat and tongue burned with heat.

Este dolor alimentó la fiebre que crecía dentro de su orgulloso cuerpo.

This pain fed the fever rising within his proud body.

Buck estuvo agradecido por una sola cosa durante esta prueba.

Buck was thankful for one single thing during this trial.

Le habían quitado la cuerda que le rodeaba el grueso cuello.

The rope had been removed from around his thick neck.

La cuerda había dado a esos hombres una ventaja injusta y cruel.

The rope had given those men an unfair and cruel advantage.

Ahora la cuerda había desaparecido y Buck juró que nunca volvería.

Now the rope was gone, and Buck swore it would never return.

Decidió que nunca más volvería a pasarle una cuerda al cuello.

He resolved no rope would ever go around his neck again.

Durante dos largos días y noches sufrió sin comer.

For two long days and nights, he suffered without food.

Y en esas horas se fue acumulando en su interior una rabia enorme.

And in those hours, he built up an enormous rage inside.

Sus ojos se volvieron inyectados en sangre y salvajes por la ira constante.

His eyes turned bloodshot and wild from constant anger.

Ya no era Buck, sino un demonio con mandíbulas chasqueantes.

He was no longer Buck, but a demon with snapping jaws.

Ni siquiera el juez habría reconocido a esta loca criatura.

Even the Judge would not have known this mad creature.

Los mensajeros exprés suspiraron aliviados cuando llegaron a Seattle.

The express messengers sighed in relief when they reached Seattle

Cuatro hombres levantaron la caja y la llevaron a un patio trasero.

Four men lifted the crate and brought it to a back yard.

El patio era pequeño, rodeado de muros altos y sólidos.

The yard was small, surrounded by high and solid walls.

Un hombre corpulento salió con una camisa roja holgada.

A big man stepped out in a sagging red sweater shirt.

Firmó el libro de entrega con letra gruesa y atrevida.

He signed the delivery book with a thick and bold hand.

Buck sintió de inmediato que este hombre era su próximo torturador.

Buck sensed at once that this man was his next tormentor.

Se abalanzó violentamente contra los barrotes, con los ojos rojos de furia.

He lunged violently at the bars, eyes red with fury.

El hombre simplemente sonrió oscuramente y fue a buscar un hacha.

The man just smiled darkly and went to fetch a hatchet.

También traía un garrote en su gruesa y fuerte mano derecha.

He also brought a club in his thick and strong right hand.

"¿Vas a sacarlo ahora?" preguntó preocupado el conductor.

"You going to take him out now?" the driver asked, concerned.

—Claro —dijo el hombre, metiendo el hacha en la caja a modo de palanca.

"Sure," said the man, jamming the hatchet into the crate as a lever.

Los cuatro hombres se dispersaron instantáneamente y saltaron al muro del patio.

The four men scattered instantly, jumping up onto the yard wall.

Desde sus lugares seguros arriba, esperaban para observar el espectáculo.

From their safe spots above, they waited to watch the spectacle.

Buck se abalanzó sobre la madera astillada, mordiéndola y sacudiéndola ferozmente.

Buck lunged at the splintered wood, biting and shaking fiercely.

Cada vez que el hacha golpeaba la jaula, Buck estaba allí para atacarla.

Each time the hatchet hit the cage), Buck was there to attack it.

Gruñó y chasqueó los dientes con furia salvaje, ansioso por ser liberado.

He growled and snapped with wild rage, eager to be set free.

El hombre que estaba afuera estaba tranquilo y firme, concentrado en su tarea.

The man outside was calm and steady, intent on his task.

"Muy bien, demonio de ojos rojos", dijo cuando el agujero fue grande.

"Right then, you red-eyed devil," he said when the hole was large.

Dejó caer el hacha y tomó el garrote con su mano derecha.

He dropped the hatchet and took the club in his right hand.

Buck realmente parecía un demonio; con los ojos inyectados en sangre y llameantes.

Buck truly looked like a devil; eyes bloodshot and blazing.

Su pelaje se erizó, le salía espuma por la boca y sus ojos brillaban.

His coat bristled, foam frothed at his mouth, eyes glinting.

Tensó los músculos y se lanzó directamente hacia el suéter rojo.

He bunched his muscles and sprang straight at the red sweater.

Ciento cuarenta libras de furia volaron hacia el hombre tranquilo.

One hundred and forty pounds of fury flew at the calm man.

Justo antes de que sus mandíbulas se cerraran, un golpe terrible lo golpeó.

Just before his jaws clamped shut, a terrible blow struck him.

Sus dientes chasquearon al chocar contra nada más que el aire.

His teeth snapped together on nothing but air

Una sacudida de dolor resonó a través de su cuerpo

a jolt of pain reverberated through his body

Dio una vuelta en el aire y se estrelló sobre su espalda y su costado.

He flipped midair and crashed down on his back and side.

Nunca antes había sentido el golpe de un garrote y no podía agarrarlo.

He had never before felt a club's blow and could not grasp it.

Con un gruñido estridente, mitad ladrido, mitad grito, saltó de nuevo.

With a shrieking snarl, part bark, part scream, he leaped again.

Otro golpe brutal lo alcanzó y lo arrojó al suelo.

Another brutal strike hit him and hurled him to the ground.

Esta vez Buck lo entendió: era el pesado garrote del hombre.

This time Buck understood—it was the man's heavy club.

Pero la rabia lo cegó y no pensó en retirarse.

But rage blinded him, and he had no thought of retreat.

Doce veces se lanzó y doce veces cayó.

Twelve times he launched himself, and twelve times he fell.

El palo de madera lo golpeaba cada vez con una fuerza despiadada y aplastante.

The wooden club smashed him each time with ruthless, crushing force.

Después de un golpe feroz, se tambaleó hasta ponerse de pie, aturdido y lento.

After one fierce blow, he staggered to his feet, dazed and slow.

Le salía sangre de la boca, de la nariz y hasta de las orejas.

Blood ran from his mouth, his nose, and even his ears.

Su pelaje, otrora hermoso, estaba manchado de espuma sanguinolenta.

His once-beautiful coat was smeared with bloody foam.

Entonces el hombre se adelantó y le dio un golpe tremendo en la nariz.

Then the man stepped up and struck a wicked blow to the nose.

La agonía fue más aguda que cualquier cosa que Buck hubiera sentido jamás.

The agony was sharper than anything Buck had ever felt.

Con un rugido más de bestia que de perro, saltó nuevamente para atacar.

With a roar more beast than dog, he leaped again to attack.

Pero el hombre se agarró la mandíbula inferior y la torció hacia atrás.

But the man caught his lower jaw and twisted it backward.

Buck se dio una vuelta de cabeza y volvió a caer con fuerza.

Buck flipped head over heels, crashing down hard again.

Una última vez, Buck cargó contra él, ahora apenas capaz de mantenerse en pie.

One final time, Buck charged at him, now barely able to stand.

El hombre atacó con una sincronización experta, dando el golpe final.

The man struck with expert timing, delivering the final blow.

Buck se desplomó en un montón, inconsciente e inmóvil.

Buck collapsed in a heap, unconscious and unmoving.

"No es ningún inútil a la hora de domar perros, eso es lo que digo", gritó un hombre.

"He's no slouch at dog-breaking, that's what I say," a man yelled.

"Druther puede quebrar la voluntad de un perro cualquier día de la semana".

"Druther can break the will of a hound any day of the week."

"¡Y dos veces el domingo!" añadió el conductor.

"And twice on a Sunday!" added the driver.

Se subió al carro y tiró de las riendas para partir.

He climbed into the wagon and cracked the reins to leave.

Buck recuperó lentamente el control de su conciencia.

Buck slowly regained control of his consciousness

Pero su cuerpo todavía estaba demasiado débil y roto para moverse.

but his body was still too weak and broken to move.

Se quedó donde había caído, observando al hombre del suéter rojo.

He lay where he had fallen, watching the red-sweatered man.

"Responde al nombre de Buck", dijo el hombre, leyendo en voz alta.

"He answers to the name of Buck," the man said, reading aloud.

Citó la nota enviada con la caja de Buck y los detalles.

He quoted from the note sent with Buck's crate and details.

—Bueno, Buck, muchacho —continuó el hombre con tono amistoso—.

"Well, Buck, my boy," the man continued with a friendly tone,

"Hemos tenido nuestra pequeña pelea y ahora todo ha terminado entre nosotros".

"we've had our little fight, and now it's over between us."

"Tú has aprendido cuál es tu lugar y yo he aprendido cuál es el mío", añadió.

"You've learned your place, and I've learned mine," he added.

"Sé bueno y todo irá bien y la vida será placentera".

"Be good, and all will go well, and life will be pleasant."

"Pero si te portas mal, te daré una paliza, ¿entiendes?"

"But be bad, and I'll beat the stuffing out of you, understand?"

Mientras hablaba, extendió la mano y acarició la cabeza dolorida de Buck.

As he spoke, he reached out and patted Buck's sore head.

El cabello de Buck se erizó ante el toque del hombre, pero no se resistió.

Buck's hair rose at the man's touch, but he didn't resist.

El hombre le trajo agua, que Buck bebió a grandes tragos.

The man brought him water, which Buck drank in great gulps.

Luego vino la carne cruda, que Buck devoró trozo a trozo.

Then came raw meat, which Buck devoured chunk by chunk.

Sabía que estaba derrotado, pero también sabía que no estaba roto.

He knew he was beaten, but he also knew he wasn't broken.

No tenía ninguna posibilidad contra un hombre armado con un garrote.

He had no chance against a man armed with a club.

Había aprendido la verdad y nunca olvidó esa lección.

He had learned the truth, and he never forgot that lesson.

Esa arma fue el comienzo de la ley en el nuevo mundo de Buck.

That weapon was the beginning of law in Buck's new world.

Fue el comienzo de un orden duro y primitivo que no podía negar.

It was the start of a harsh, primitive order he could not deny.

Aceptó la verdad; sus instintos salvajes ahora estaban despiertos.

He accepted the truth; his wild instincts were now awake.

El mundo se había vuelto más duro, pero Buck lo afrontó con valentía.

The world had grown harsher, but Buck faced it bravely.

Afrontó la vida con nueva cautela, astucia y fuerza silenciosa.

He met life with new caution, cunning, and quiet strength.

Llegaron más perros, atados con cuerdas o cajas como había estado Buck.

More dogs arrived, tied in ropes or crates like Buck had been.

Algunos perros llegaron con calma, otros se enfurecieron y pelearon como bestias salvajes.

Some dogs came calmly, others raged and fought like wild beasts.

Todos ellos quedaron bajo el dominio del hombre del suéter rojo.

All of them were brought under the rule of the red-sweatered man.

Cada vez, Buck observaba y veía cómo se desarrollaba la misma lección.

Each time, Buck watched and saw the same lesson unfold.

El hombre con el garrote era la ley, un amo al que había que obedecer.

The man with the club was law; a master to be obeyed.

No necesitaba ser querido, pero sí obedecido.

He did not need to be liked, but he had to be obeyed.

Buck nunca adulaba ni meneaba la cola como lo hacían los perros más débiles.

Buck never fawned or wagged like the weaker dogs did.

Vio perros que estaban golpeados y todavía lamían la mano del hombre.

He saw dogs that were beaten and still licked the man's hand.

Vio un perro que no obedecía ni se sometía en absoluto.

He saw one dog who would not obey or submit at all.

Ese perro luchó hasta que murió en la batalla por el control.

That dog fought until he was killed in the battle for control.

A veces, desconocidos venían a ver al hombre del suéter rojo.

Strangers would sometimes come to see the red-sweatered man.

Hablaban en tonos extraños, suplicando, negociando y riendo.

They spoke in strange tones, pleading, bargaining, and laughing.

Cuando se intercambiaba dinero, se iban con uno o más perros.

When money was exchanged, they left with one or more dogs.

Buck se preguntó a dónde habían ido esos perros, pues ninguno regresaba jamás.

Buck wondered where these dogs went, for none ever returned.

El miedo a lo desconocido llenaba a Buck cada vez que un hombre extraño se acercaba.

fear of the unknown filled Buck every time a strange man came

Se alegraba cada vez que se llevaban a otro perro en lugar de a él mismo.

he was glad each time another dog was taken, rather than himself.

Pero finalmente, llegó el turno de Buck con la llegada de un hombre extraño.

But finally, Buck's turn came with the arrival of a strange man.

Era pequeño, fibroso y hablaba un inglés deficiente y decía palabrotas.

He was small, wiry, and spoke in broken English and curses.

—¡Sacredam! —gritó cuando vio el cuerpo de Buck.

"Sacredam!" he yelled when he laid eyes on Buck's frame.

—¡Qué perro tan bravucón! ¿Eh? ¿Cuánto? —preguntó en voz alta.

"That's one damn bully dog! Eh? How much?" he asked aloud.

"Trescientos, y es un regalo a ese precio".

"Three hundred, and he's a present at that price,"

—Como es dinero del gobierno, no deberías quejarte, Perrault.

"Since it's government money, you shouldn't complain, Perrault."

Perrault sonrió ante el trato que acababa de hacer con aquel hombre.

Perrault grinned at the deal he had just made with the man.

El precio de los perros se disparó debido a la repentina demanda.

The price of dogs had soared due to the sudden demand.

Trescientos dólares no era injusto para una bestia tan bella.

Three hundred dollars wasn't unfair for such a fine beast.

El gobierno canadiense no perdería nada con el acuerdo

The Canadian Government would not lose anything in the deal

Además sus despachos oficiales tampoco sufrirían demoras en el tránsito.

Nor would their official dispatches be delayed in transit.

Perrault conocía bien a los perros y podía ver que Buck era algo raro.

Perrault knew dogs well, and could see Buck was something rare.

"Uno entre diez diez mil", pensó mientras estudiaba la complexión de Buck.

"One in ten ten-thousand," he thought, as he studied Buck's build.

Buck vio que el dinero cambiaba de manos, pero no mostró sorpresa.

Buck saw the money change hands, but showed no surprise.

Pronto él y Curly, un gentil Terranova, fueron llevados lejos.

Soon he and Curly, a gentle Newfoundland, were led away.

Siguieron al hombrecito desde el patio del suéter rojo.

They followed the little man from the red sweater's yard.

Esa fue la última vez que Buck vio al hombre con el garrote de madera.

That was the last Buck ever saw of the man with the wooden club.

Desde la cubierta del Narwhal vio cómo Seattle se desvanecía en la distancia.

From the Narwhal's deck he watched Seattle fade into the distance.

También fue la última vez que vio las cálidas tierras del Sur.

It was also the last time he ever saw the warm Southland.

Perrault los llevó bajo cubierta y los dejó con François.

Perrault took them below deck, and left them with François.

François era un gigante de cara negra y manos ásperas y callosas.

François was a black-faced giant with rough, calloused hands.

Era oscuro y moreno, un mestizo francocanadiense.

He was dark and swarthy; a half-breed French-Canadian.

Para Buck, estos hombres eran de un tipo que nunca había visto antes.

To Buck, these men were of a kind he had never seen before.

En los días venideros conocería a muchos hombres así.

He would come to know many such men in the days ahead.

No llegó a encariñarse con ellos, pero llegó a respetarlos.

He did not grow fond of them, but he came to respect them.

Eran justos y sabios, y no se dejaban engañar fácilmente por ningún perro.

They were fair and wise, and not easily fooled by any dog.

Juzgaban a los perros con calma y castigaban sólo cuando lo merecían.

They judged dogs calmly, and punished only when deserved.

En la cubierta inferior del Narwhal, Buck y Curly se encontraron con dos perros.

In the Narwhal's lower deck, Buck and Curly met two dogs.

Uno de ellos era un gran perro blanco procedente de la lejana y gélida región de Spitzbergen.

One was a large white dog from far-off, icy Spitzbergen.

Una vez navegó con un ballenero y se unió a un grupo de investigación.

He'd once sailed with a whaler and joined a survey group.

Era amigable de una manera astuta, deshonesta y tramposa.

He was friendly in a sly, underhanded and crafty fashion.

En su primera comida, robó un trozo de carne de la sartén de Buck.

At their first meal, he stole a piece of meat from Buck's pan.

Buck saltó para castigarlo, pero el látigo de François golpeó primero.

Buck jumped to punish him, but François's whip struck first.

El ladrón blanco gritó y Buck recuperó el hueso robado.

The white thief yelped, and Buck reclaimed the stolen bone.

Esa imparcialidad impresionó a Buck y François se ganó su respeto.

That fairness impressed Buck, and François earned his respect.

El otro perro no saludó y no quiso recibir saludos a cambio.
The other dog gave no greeting, and wanted none in return.
No robaba comida ni olfateaba con interés a los recién llegados.
He didn't steal food, nor sniff at the new arrivals with interest.
Este perro era sombrío y silencioso, melancólico y de movimientos lentos.
This dog was grim and quiet, gloomy and slow-moving.
Le advirtió a Curly que se mantuviera alejada simplemente mirándola fijamente.
He warned Curly to stay away by simply glaring at her.
Su mensaje fue claro: déjenme en paz o habrá problemas.
His message was clear; leave me alone or there'll be trouble.
Se llamaba Dave y apenas se fijaba en su entorno.
He was called Dave, and he barely noticed his surroundings.
Dormía a menudo, comía tranquilamente y bostezaba de vez en cuando.
He slept often, ate quietly, and yawned now and again.

El barco zumbaba constantemente con la hélice golpeando debajo.
The ship hummed constantly with the beating propeller below.
Los días pasaron con pocos cambios, pero el clima se volvió más frío.
Days passed with little change, but the weather got colder.
Buck podía sentirlo en sus huesos y notó que los demás también lo sentían.
Buck could feel it in his bones, and noticed the others did too.
Entonces, una mañana, la hélice se detuvo y todo quedó en silencio.
Then one morning, the propeller stopped and all was still.
Una energía recorrió la nave; algo había cambiado.
An energy swept through the ship; something had changed.
François bajó, les puso las correas y los trajo arriba.
François came down, clipped them on leashes, and brought them up.

Buck salió y encontró el suelo suave, blanco y frío.
Buck stepped out and found the ground soft, white, and cold.
Saltó hacia atrás alarmado y resopló totalmente confundido.
He jumped back in alarm and snorted in total confusion.
Una extraña sustancia blanca caía del cielo gris.
Strange white stuff was falling from the gray sky.
Se sacudió, pero los copos blancos seguían cayendo sobre él.
He shook himself, but the white flakes kept landing on him.
Olió con cuidado la sustancia blanca y lamió algunos trocitos helados.
He sniffed the white stuff carefully and licked at a few icy bits.
El polvo ardió como fuego y luego desapareció de su lengua.
The powder burned like fire, then vanished right off his tongue.
Buck lo intentó de nuevo, desconcertado por la extraña frialdad que desaparecía.
Buck tried again, puzzled by the odd vanishing coldness.
Los hombres que lo rodeaban se rieron y Buck se sintió avergonzado.
The men around him laughed, and Buck felt embarrassed.
No sabía por qué, pero le avergonzaba su reacción.
He didn't know why, but he was ashamed of his reaction.
Fue su primera experiencia con la nieve y le confundió.
It was his first experience with snow, and it confused him.

La ley del garrote y el colmillo
The Law of Club and Fang

El primer día de Buck en la playa de Dyea se sintió como una terrible pesadilla.

Buck's first day on the Dyea beach felt like a terrible nightmare.

Cada hora traía nuevas sorpresas y cambios inesperados para Buck.

Each hour brought new shocks and unexpected changes for Buck.

Lo habían sacado de la civilización y lo habían arrojado a un caos salvaje.

He had been pulled from civilization and thrown into wild chaos.

Aquella no era una vida soleada y tranquila, llena de aburrimiento y descanso.

This was no sunny, lazy life with boredom and rest.

No había paz, ni descanso, ni momento sin peligro.

There was no peace, no rest, and no moment without danger.

La confusión lo dominaba todo y el peligro siempre estaba cerca.

Confusion ruled everything, and danger was always close.

Buck tuvo que mantenerse alerta porque estos hombres y perros eran diferentes.

Buck had to stay alert because these men and dogs were different.

No eran de pueblos; eran salvajes y sin piedad.

They were not from towns; they were wild and without mercy.

Estos hombres y perros sólo conocían la ley del garrote y el colmillo.

These men and dogs only knew the law of club and fang.

Buck nunca había visto perros pelear como estos salvajes huskies.

Buck had never seen dogs fight like these savage huskies.

Su primera experiencia le enseñó una lección que nunca olvidaría.

His first experience taught him a lesson he would never forget.

Tuvo suerte de que no fuera él, o habría muerto también.

He was lucky it was not him, or he would have died too.

Curly fue el que sufrió mientras Buck observaba y aprendía.

Curly was the one who suffered while Buck watched and learned.

Habían acampado cerca de una tienda construida con troncos.

They had made camp near a store built from logs.

Curly intentó ser amigable con un husky grande, parecido a un lobo.

Curly tried to be friendly to a large, wolf-like husky.

El husky era más pequeño que Curly, pero parecía salvaje y malvado.

The husky was smaller than Curly, but looked wild and mean.

Sin previo aviso, saltó y le abrió el rostro.

Without warning, he jumped and slashed her face open.

Sus dientes la atravesaron desde el ojo hasta la mandíbula en un solo movimiento.

His teeth cut from her eye down to her jaw in one move.

Así era como peleaban los lobos: golpeaban rápido y saltaban.

This was how wolves fought—hit fast and jump away.

Pero había mucho más que aprender de ese único ataque.

But there was more to learn than from that one attack.

Decenas de huskies entraron corriendo y formaron un círculo silencioso.

Dozens of huskies rushed in and made a silent circle.

Observaron atentamente y se lamieron los labios con hambre.

They watched closely and licked their lips with hunger.

Buck no entendió su silencio ni sus miradas ansiosas.

Buck didn't understand their silence or their eager eyes.

Curly se apresuró a atacar al husky por segunda vez.

Curly rushed to attack the husky a second time.

Él usó su pecho para derribarla con un movimiento fuerte.

He used his chest to knock her over with a strong move.

Ella cayó de lado y no pudo levantarse más.

She fell on her side and could not get back up.

Eso era lo que los demás habían estado esperando todo el tiempo.

That was what the others had been waiting for all along.

Los perros esquimales saltaron sobre ella, aullando y gruñendo frenéticamente.

The huskies jumped on her, yelping and snarling in a frenzy.

Ella gritó cuando la enterraron bajo una pila de perros.

She screamed as they buried her under a pile of dogs.

El ataque fue tan rápido que Buck se quedó paralizado por la sorpresa.

The attack was so fast that Buck froze in place with shock.

Vio a Spitz sacar la lengua de una manera que parecía una risa.

He saw Spitz stick out his tongue in a way that looked like a laugh.

François cogió un hacha y corrió directamente hacia el grupo de perros.

François grabbed an axe and ran straight into the group of dogs.

Otros tres hombres usaron palos para ayudar a ahuyentar a los perros esquimales.

Three other men used clubs to help beat the huskies away.

En sólo dos minutos, la pelea terminó y los perros desaparecieron.

In just two minutes, the fight was over and the dogs were gone.

Curly yacía muerta en la nieve roja y pisoteada, con su cuerpo destrozado.

Curly lay dead in the red, trampled snow, her body torn apart.

Un hombre de piel oscura estaba de pie sobre ella, maldiciendo la brutal escena.

A dark-skinned man stood over her, cursing the brutal scene.

El recuerdo permaneció con Buck y atormentó sus sueños por la noche.

The memory stayed with Buck and haunted his dreams at night.

Así era aquí: sin justicia, sin segundas oportunidades.

That was the way here; no fairness, no second chance.

Una vez que un perro caía, los demás lo mataban sin piedad.

Once a dog fell, the others would kill without mercy.

Buck decidió entonces que nunca se permitiría caer.

Buck decided then that he would never allow himself to fall.

Spitz volvió a sacar la lengua y se rió de la sangre.

Spitz stuck out his tongue again and laughed at the blood.

Desde ese momento, Buck odió a Spitz con todo su corazón.

From that moment on, Buck hated Spitz with all his heart.

Antes de que Buck pudiera recuperarse de la muerte de Curly, sucedió algo nuevo.

Before Buck could recover from Curly's death, something new happened.

François se acercó y ató algo alrededor del cuerpo de Buck.

François came over and strapped something around Buck's body.

Era un arnés como los que usaban los caballos en el rancho.

It was a harness like the ones used on horses at the ranch.

Así como Buck había visto trabajar a los caballos, ahora él también estaba obligado a trabajar.

As Buck had seen horses work, now he was made to work too.

Tuvo que arrastrar a François en un trineo hasta el bosque cercano.

He had to pull François on a sled into the forest nearby.

Después tuvo que arrastrar una carga de leña pesada.

Then he had to pull back a load of heavy firewood.

Buck era orgulloso, por eso le dolía que lo trataran como a un animal de trabajo.

Buck was proud, so it hurt him to be treated like a work animal.

Pero él era sabio y no intentó luchar contra la nueva situación.

But he was wise and didn't try to fight the new situation.

Aceptó su nueva vida y dio lo mejor de sí en cada tarea.

He accepted his new life and gave his best in every task.

Todo en la obra le resultaba extraño y desconocido.

Everything about the work was strange and unfamiliar to him.

Francisco era estricto y exigía obediencia sin demora.

François was strict and demanded obedience without delay.

Su látigo garantizaba que cada orden fuera seguida al instante.

His whip made sure that every command was followed at once.

Dave era el que conducía el trineo, el perro que estaba más cerca de él, detrás de Buck.

Dave was the wheeler, the dog nearest the sled behind Buck.

Dave mordió a Buck en las patas traseras si cometía un error.

Dave bit Buck on the back legs if he made a mistake.

Spitz era el perro líder, hábil y experimentado en su función.

Spitz was the lead dog, skilled and experienced in the role.

Spitz no pudo alcanzar a Buck fácilmente, pero aún así lo corrigió.

Spitz could not reach Buck easily, but still corrected him.

Gruñó con dureza o tiró del trineo de maneras que le enseñaron a Buck.

He growled harshly or pulled the sled in ways that taught Buck.

Con este entrenamiento, Buck aprendió más rápido de lo que cualquiera de ellos esperaba.

Under this training, Buck learned faster than any of them expected.

Trabajó duro y aprendió tanto de François como de los otros perros.

He worked hard and learned from both François and the other dogs.

Cuando regresaron, Buck ya conocía los comandos clave.

By the time they returned, Buck already knew the key commands.

Aprendió a detenerse al oír la palabra "ho" gracias a François.

He learned to stop at the sound of "ho" from François.

Aprendió cuando tenía que tirar del trineo y correr.

He learned when he had to pull the sled and run.

Aprendió a girar abiertamente en las curvas del camino sin problemas.

He learned to turn wide at bends in the trail without trouble.

También aprendió a evitar a Dave cuando el trineo descendía rápidamente.

He also learned to avoid Dave when the sled went downhill fast.

"Son perros muy buenos", le dijo orgulloso François a Perrault.

"They're very good dogs," François proudly told Perrault.

"Ese Buck tira como un demonio. Le enseño rapidísimo".

"That Buck pulls like hell—I teach him quick as anything."

Más tarde ese día, Perrault regresó con dos perros husky más.

Later that day, Perrault came back with two more husky dogs.

Se llamaban Billee y Joe y eran hermanos.

Their names were Billee and Joe, and they were brothers.

Venían de la misma madre, pero no se parecían en nada.

They came from the same mother, but were not alike at all.

Billee era de carácter dulce y muy amigable con todos.

Billee was sweet-natured and too friendly with everyone.

Joe era todo lo contrario: tranquilo, enojado y siempre gruñendo.

Joe was the opposite—quiet, angry, and always snarling.

Buck los saludó de manera amigable y se mostró tranquilo con ambos.

Buck greeted them in a friendly way and was calm with both.

Dave no les prestó atención y permaneció en silencio como siempre.

Dave paid no attention to them and stayed silent as usual.

Spitz atacó primero a Billee, luego a Joe, para demostrar su dominio.

Spitz attacked first Billee, then Joe, to show his dominance.

Billee movió la cola y trató de ser amigable con Spitz.

Billee wagged his tail and tried to be friendly to Spitz.

Cuando eso no funcionó, intentó huir.

When that didn't work, he tried to run away instead.

Lloró tristemente cuando Spitz lo mordió fuerte en el costado.

He cried sadly when Spitz bit him hard on the side.

Pero Joe era muy diferente y se negaba a dejarse intimidar.

But Joe was very different and refused to be bullied.

Cada vez que Spitz se acercaba, Joe giraba rápidamente para enfrentarlo.

Every time Spitz came near, Joe spun to face him fast.

Su pelaje se erizó, sus labios se curvaron y sus dientes chasquearon salvajemente.

His fur bristled, his lips curled, and his teeth snapped wildly.

Los ojos de Joe brillaron de miedo y rabia, desafiando a Spitz a atacar.

Joe's eyes gleamed with fear and rage, daring Spitz to strike.

Spitz abandonó la lucha y se alejó, humillado y enojado.

Spitz gave up the fight and turned away, humiliated and angry.

Descargó su frustración en el pobre Billee y lo ahuyentó.

He took out his frustration on poor Billee and chased him away.

Esa noche, Perrault añadió un perro más al equipo.

That evening, Perrault added one more dog to the team.

Este perro era viejo, delgado y cubierto de cicatrices de batalla.

This dog was old, lean, and covered in battle scars.

Le faltaba un ojo, pero el otro brillaba con poder.

One of his eyes was missing, but the other flashed with power.

El nombre del nuevo perro era Solleks, que significaba "el enojado".

The new dog's name was Solleks, which meant the Angry One.

Al igual que Dave, Solleks no pidió nada a los demás y no dio nada a cambio.

Like Dave, Solleks asked nothing from others, and gave nothing back.

Cuando Solleks entró lentamente al campamento, incluso Spitz se mantuvo alejado.

When Solleks walked slowly into camp, even Spitz stayed away.

Tenía un hábito extraño que Buck tuvo la mala suerte de descubrir.

He had a strange habit that Buck was unlucky to discover.

A Solleks le disgustaba que se acercaran a él por el lado donde estaba ciego.

Solleks hated being approached on the side where he was blind.

Buck no sabía esto y cometió ese error por accidente.

Buck did not know this and made that mistake by accident.

Solleks se dio la vuelta y cortó el hombro de Buck profunda y rápidamente.

Solleks spun around and slashed Buck's shoulder deep and fast.

A partir de ese momento, Buck nunca se acercó al lado ciego de Solleks.

From that moment on, Buck never came near Solleks' blind side.

Nunca volvieron a tener problemas durante el resto del tiempo que estuvieron juntos.

They never had trouble again for the rest of their time together.

Solleks sólo quería que lo dejaran solo, como el tranquilo Dave.

Solleks wanted only to be left alone, like quiet Dave.

Pero Buck se enteraría más tarde de que cada uno tenía otro objetivo secreto.

But Buck would later learn they each had another secret goal.

Esa noche, Buck se enfrentó a un nuevo y preocupante desafío: cómo dormir.

That night Buck faced a new and troubling challenge—how to sleep.

La tienda brillaba cálidamente con la luz de las velas en el campo nevado.

The tent glowed warmly with candlelight in the snowy field.

Buck entró, pensando que podría descansar allí como antes.

Buck walked inside, thinking he could rest there like before.

Pero Perrault y François le gritaron y le lanzaron sartenes.

But Perrault and François yelled at him and threw pans.

Sorprendido y confundido, Buck corrió hacia el frío helado.

Shocked and confused, Buck ran out into the freezing cold.

Un viento amargo le azotó el hombro herido y le congeló las patas.

A bitter wind stung his wounded shoulder and froze his paws.

Se tumbó en la nieve y trató de dormir al aire libre.

He lay down in the snow and tried to sleep out in the open.

Pero el frío pronto le obligó a levantarse de nuevo, temblando mucho.

But the cold soon forced him to get back up, shaking badly.

Deambuló por el campamento intentando encontrar un lugar más cálido.

He wandered through the camp, trying to find a warmer spot.

Pero cada rincón estaba tan frío como el anterior.

But every corner was just as cold as the one before.

A veces, perros salvajes saltaban sobre él desde la oscuridad.

Sometimes savage dogs jumped at him from the darkness.

Buck erizó su pelaje, mostró los dientes y gruñó en señal de advertencia.

Buck bristled his fur, bared his teeth, and snarled with warning.

Estaba aprendiendo rápido y los otros perros se alejaban rápidamente.

He was learning fast, and the other dogs backed off quickly.

Aún así, no tenía dónde dormir ni idea de qué hacer.

Still, he had no place to sleep, and no idea what to do.

Por fin se le ocurrió una idea: ver cómo estaban sus compañeros de equipo.

At last, a thought came to him—check on his team-mates.

Regresó a su zona y se sorprendió al descubrir que habían desaparecido.

He returned to their area and was surprised to find them gone.

Nuevamente buscó por todo el campamento, pero todavía no pudo encontrarlos.

Again he searched the camp, but still could not find them.

Sabía que ellos no podían estar en la tienda, o él también lo estaría.

He knew they could not be in the tent, or he would be too.

Entonces ¿a dónde se habían ido todos los perros en este campamento helado?

So where had all the dogs gone in this frozen camp?

Buck, frío y miserable, caminó lentamente alrededor de la tienda.

Buck, cold and miserable, slowly circled around the tent.

De repente, sus patas delanteras se hundieron en la nieve blanda y lo sobresaltó.

Suddenly, his front legs sank into soft snow and startled him.

Algo se movió bajo sus pies y saltó hacia atrás asustado.

Something wriggled under his feet, and he jumped back in fear.

Gruñó y rugió sin saber qué había debajo de la nieve.

He growled and snarled, not knowing what lay beneath the snow.

Entonces oyó un ladrido amistoso que alivió su miedo.

Then he heard a friendly little bark that eased his fear.

Olfateó el aire y se acercó para ver qué estaba oculto.

He sniffed the air and came closer to see what was hidden.

Bajo la nieve, acurrucada en una bola cálida, estaba la pequeña Billee.

Under the snow, curled into a warm ball, was little Billee.

Billee movió la cola y lamió la cara de Buck para saludarlo.

Billee wagged his tail and licked Buck's face to greet him.

Buck vio cómo Billee había hecho un lugar para dormir en la nieve.

Buck saw how Billee had made a sleeping place in the snow.

Había cavado y usado su propio calor para mantenerse caliente.

He had dug down and used his own heat to stay warm.

Buck había aprendido otra lección: así era como dormían los perros.

Buck had learned another lesson—this was how the dogs slept.

Eligió un lugar y comenzó a cavar su propio hoyo en la nieve.

He picked a spot and started digging his own hole in the snow.

Al principio, se movía demasiado y desperdiciaba energía.

At first, he moved around too much and wasted energy.

Pero pronto su cuerpo calentó el espacio y se sintió seguro.

But soon his body warmed the space, and he felt safe.

Se acurrucó fuertemente y al poco tiempo estaba profundamente dormido.

He curled up tightly, and before long he was fast asleep.

El día había sido largo y duro, y Buck estaba exhausto.

The day had been long and hard, and Buck was exhausted.

Durmió profundamente y cómodamente, aunque sus sueños fueron salvajes.

He slept deeply and comfortably, though his dreams were wild.

Gruñó y ladró mientras dormía, retorciéndose mientras soñaba.

He growled and barked in his sleep, twisting as he dreamed.

Buck no se despertó hasta que el campamento ya estaba cobrando vida.

Buck didn't wake up until the camp was already coming to life.

Al principio, no sabía dónde estaba ni qué había sucedido.

At first, he didn't know where he was or what had happened.

Había nevado durante la noche y había enterrado completamente su cuerpo.

Snow had fallen overnight and completely buried his body.

La nieve lo apretaba por todos lados.

The snow pressed in around him, tight on all sides.

De repente, una ola de miedo recorrió todo el cuerpo de Buck.

Suddenly a wave of fear rushed through Buck's entire body.

Era el miedo a quedar atrapado, un miedo que provenía de instintos profundos.

It was the fear of being trapped, a fear from deep instincts.

Aunque nunca había visto una trampa, el miedo vivía dentro de él.

Though he had never seen a trap, the fear lived inside him.

Era un perro domesticado, pero ahora sus viejos instintos salvajes estaban despertando.

He was a tame dog, but now his old wild instincts were waking.

Los músculos de Buck se tensaron y se le erizó el pelaje por toda la espalda.

Buck's muscles tensed, and his fur stood up all over his back.

Gruñó ferozmente y saltó hacia arriba a través de la nieve.

He snarled fiercely and sprang straight up through the snow.

La nieve voló en todas direcciones cuando estalló la luz del día.

Snow flew in every direction as he burst into the daylight.

Incluso antes de aterrizar, Buck vio el campamento extendido ante él.

Even before landing, Buck saw the camp spread out before him.

Recordó todo del día anterior, de repente.

He remembered everything from the day before, all at once.

Recordó pasear con Manuel y terminar en ese lugar.

He remembered strolling with Manuel and ending up in this place.

Recordó haber cavado el hoyo y haberse quedado dormido en el frío.

He remembered digging the hole and falling asleep in the cold.

Ahora estaba despierto y el mundo salvaje que lo rodeaba estaba claro.

Now he was awake, and the wild world around him was clear.

Un grito de François saludó la repentina aparición de Buck.

A shout from François hailed Buck's sudden appearance.

—¿Qué te dije? —gritó en voz alta el conductor del perro a Perrault.

"What did I say?" the dog-driver cried loudly to Perrault.

"Ese Buck sin duda aprende muy rápido", añadió François.

"That Buck for sure learns quick as anything," François added.

Perrault asintió gravemente, claramente satisfecho con el resultado.

Perrault nodded gravely, clearly pleased with the result.

Como mensajero del gobierno canadiense, transportaba despachos.

As a courier for the Canadian Government, he carried dispatches.

Estaba ansioso por encontrar los mejores perros para su importante misión.

He was eager to find the best dogs for his important mission.

Se sintió especialmente complacido ahora que Buck era parte del equipo.

He felt especially pleased now that Buck was part of the team.

Se agregaron tres huskies más al equipo en una hora.

Three more huskies were added to the team within an hour.

Eso elevó el número total de perros en el equipo a nueve.

That brought the total number of dogs on the team to nine.

En quince minutos todos los perros estaban en sus arneses.

Within fifteen minutes all the dogs were in their harnesses.

El equipo de trineos avanzaba por el sendero hacia Dyea Cañón.

The sled team was swinging up the trail toward Dyea Cañon.

Buck se sintió contento de partir, incluso si el trabajo que tenía por delante era duro.

Buck felt glad to be leaving, even if the work ahead was hard.

Descubrió que no despreciaba especialmente el trabajo ni el frío.

He found he did not particularly despise the labor or the cold.

Le sorprendió el entusiasmo que llenaba a todo el equipo.

He was surprised by the eagerness that filled the whole team.

Aún más sorprendente fue el cambio que se produjo en Dave y Solleks.

Even more surprising was the change that had come over Dave and Solleks.

Estos dos perros eran completamente diferentes cuando estaban enjaezados.

These two dogs were entirely different when they were harnessed.

Su pasividad y falta de preocupación habían desaparecido por completo.

Their passiveness and lack of concern had completely disappeared.

Estaban alertas y activos, y ansiosos por hacer bien su trabajo.

They were alert and active, and eager to do their work well.

Se irritaban ferozmente ante cualquier cosa que causara retraso o confusión.

They grew fiercely irritated at anything that caused delay or confusion.

El duro trabajo en las riendas era el centro de todo su ser.

The hard work on the reins was the center of their entire being.

Tirar del trineo parecía ser lo único que realmente disfrutaban.

Sled pulling seemed to be the only thing they truly enjoyed.

Dave estaba en la parte de atrás del grupo, más cerca del trineo.

Dave was at the back of the group, closest to the sled itself.

Buck fue colocado delante de Dave, y Solleks se adelantó a Buck.

Buck was placed in front of Dave, and Solleks pulled ahead of Buck.

El resto de los perros estaban dispersos adelante, en una sola fila.

The rest of the dogs were strung out ahead in a single file.

La posición de cabeza en la parte delantera quedó ocupada por Spitz.

The lead position at the front was filled by Spitz.

Buck había sido colocado entre Dave y Solleks para recibir instrucción.

Buck had been placed between Dave and Solleks for instruction.

Él aprendía rápido y sus profesores eran firmes y capaces.

He was a quick learner, and they were firm and capable teachers.

Nunca permitieron que Buck permaneciera en el error por mucho tiempo.

They never allowed Buck to remain in error for long.

Enseñaron sus lecciones con dientes afilados cuando era necesario.

They taught their lessons with sharp teeth when needed.

Dave era justo y mostraba un tipo de sabiduría tranquila y seria.

Dave was fair and showed a quiet, serious kind of wisdom.

Él nunca mordió a Buck sin una buena razón para hacerlo.

He never bit Buck without a good reason to do so.

Pero nunca dejó de morder cuando Buck necesitaba corrección.

But he never failed to bite when Buck needed correction.

El látigo de Francisco estaba siempre listo y respaldaba su autoridad.

François's whip was always ready and backed up their authority.

Buck pronto descubrió que era mejor obedecer que defenderse.

Buck soon found it was better to obey than to fight back.

Una vez, durante un breve descanso, Buck se enredó en las riendas.

Once, during a short rest, Buck got tangled in the reins.

Retrasó el inicio y confundió los movimientos del equipo.

He delayed the start and confused the team's movement.

Dave y Solleks se abalanzaron sobre él y le dieron una paliza brutal.

Dave and Solleks flew at him and gave him a rough beating.

El enredo sólo empeoró, pero Buck aprendió bien la lección.

The tangle only got worse, but Buck learned his lesson well.

A partir de entonces, mantuvo las riendas tensas y trabajó con cuidado.

From then on, he kept the reins taut, and worked carefully.

Antes de que terminara el día, Buck había dominado gran parte de su tarea.

Before the day ended, Buck had mastered much of his task.

Sus compañeros casi dejaron de corregirlo y morderlo.

His teammates almost stopped correcting or biting him.

El látigo de François resonaba cada vez con menos frecuencia en el aire.

François's whip cracked through the air less and less often.

Perrault incluso levantó los pies de Buck y examinó cuidadosamente cada pata.

Perrault even lifted Buck's feet and carefully examined each paw.

Había sido un día de carrera duro, largo y agotador para todos ellos.

It had been a hard day's run, long and exhausting for them all.

Viajaron por el Cañón, atravesando Sheep Camp y pasando por Scales.

They travelled up the Cañon, through Sheep Camp, and past the Scales.

Cruzaron la línea de árboles, luego glaciares y bancos de nieve de muchos metros de profundidad.

They crossed the timber line, then glaciers and snowdrifts many feet deep.

Escalaron la gran, fría y prohibitiva divisoria de Chilkoot.

They climbed the great cold and forbidding Chilkoot Divide.

Esa alta cresta se encontraba entre el agua salada y el interior helado.

That high ridge stood between salt water and the frozen interior.

Las montañas custodiaban con hielo y empinadas subidas el triste y solitario Norte.

The mountains guarded the sad and lonely North with ice and steep climbs.

Avanzaron a buen ritmo por una larga cadena de lagos debajo de la divisoria.

They made good time down a long chain of lakes below the divide.

Esos lagos llenaban los antiguos cráteres de volcanes extintos.

Those lakes filled the ancient craters of extinct volcanoes.

Tarde esa noche, llegaron a un gran campamento en el lago Bennett.

Late that night, they reached a large camp at Lake Bennett.

Miles de buscadores de oro estaban allí, construyendo barcos para la primavera.

Thousands of gold seekers were there, building boats for spring.

El hielo se rompería pronto y tenían que estar preparados.

The ice was going break up soon, and they had to be ready.

Buck cavó su hoyo en la nieve y cayó en un sueño profundo.

Buck dug his hole in the snow and fell into a deep sleep.

Durmió como un trabajador, exhausto por la dura jornada de trabajo.

He slept like a working man, exhausted from the harsh day of toil.

Pero demasiado pronto, en la oscuridad, fue sacado del sueño.

But too early in the darkness, he was dragged from sleep.

Fue enganchado nuevamente con sus compañeros y sujeto al trineo.

He was harnessed with his mates again and attached to the sled.

Aquel día hicieron cuarenta millas, porque la nieve estaba muy pisoteada.

That day they made forty miles, because the snow was well trodden.

Al día siguiente, y durante muchos días más, la nieve estaba blanda.

The next day, and for many days after, the snow was soft.

Tuvieron que hacer el camino ellos mismos, trabajando más duro y moviéndose más lento.

They had to make the path themselves, working harder and moving slower.

Por lo general, Perrault caminaba delante del equipo con raquetas de nieve palmeadas.

Usually, Perrault walked ahead of the team with webbed snowshoes.

Sus pasos compactaron la nieve, facilitando el movimiento del trineo.

His steps packed the snow, making it easier for the sled to move.

François, que dirigía el barco desde la dirección, a veces tomaba el relevo.

François, who steered from the gee-pole, sometimes took over.

Pero era raro que François tomara la iniciativa.

But it was rare that François took the lead

porque Perrault tenía prisa por entregar las cartas y los paquetes.

because Perrault was in a rush to deliver the letters and parcels.

Perrault estaba orgulloso de su conocimiento de la nieve, y especialmente del hielo.

Perrault was proud of his knowledge of snow, and especially ice.

Ese conocimiento era esencial porque el hielo en otoño era peligrosamente delgado.

That knowledge was essential, because fall ice was dangerously thin.

Allí donde el agua fluía rápidamente bajo la superficie, no había hielo en absoluto.

Where water flowed fast beneath the surface, there was no ice at all.

Día tras día, la misma rutina se repetía sin fin.

Day after day, the same routine repeated without end.

Buck trabajó incansablemente en las riendas desde el amanecer hasta la noche.

Buck toiled endlessly in the reins from dawn until night.

Abandonaron el campamento en la oscuridad, mucho antes de que saliera el sol.

They left camp in the dark, long before the sun had risen.

Cuando amaneció, ya habían recorrido muchos kilómetros.

By the time daylight came, many miles were already behind them.

Acamparon después del anochecer, comieron pescado y excavaron en la nieve.

They pitched camp after dark, eating fish and burrowing into snow.

Buck siempre tenía hambre y nunca estaba realmente satisfecho con su ración.

Buck was always hungry and never truly satisfied with his ration.

Recibía una libra y media de salmón seco cada día.

He received a pound and a half of dried salmon each day.

Pero la comida parecía desaparecer dentro de él, dejando atrás el hambre.

But the food seemed to vanish inside him, leaving hunger behind.

Sufría constantes dolores de hambre y soñaba con más comida.

He suffered from constant pangs of hunger, and dreamed of more food.

Los otros perros sólo ganaron una libra, pero se mantuvieron fuertes.

The other dogs got only one pound, but they stayed strong.

Eran más pequeños y habían nacido en la vida del norte.

They were smaller, and had been born into the northern life.

Perdió rápidamente la meticulosidad que había caracterizado su antigua vida.

He swiftly lost the fastidiousness which had marked his old life.

Había sido un comensal delicado, pero ahora eso ya no era posible.

He had been a dainty eater, but now that was no longer possible.

Sus compañeros terminaron primero y le robaron su ración sobrante.

His mates finished first and robbed him of his unfinished ration.

Una vez que empezaron, no había forma de defender su comida de ellos.

Once they began there was no way to defend his food from them.

Mientras él luchaba contra dos o tres perros, los otros le robaron el resto.

While he fought off two or three dogs, the others stole the rest.

Para solucionar esto, comenzó a comer tan rápido como los demás.

To fix this, he began eating as fast as the others ate.

El hambre lo empujó tan fuerte que incluso tomó comida que no era suya.

Hunger pushed him so hard that he even took food not his own.

Observó a los demás y aprendió rápidamente de sus acciones.

He watched the others and learned quickly from their actions.

Vio a Pike, un perro nuevo, robarle una rebanada de tocino a Perrault.

He saw Pike, a new dog, steal a slice of bacon from Perrault.

Pike había esperado hasta que Perrault se dio la espalda para robarle el tocino.

Pike had waited until Perrault's back was turned to steal the bacon.

Al día siguiente, Buck copió a Pike y robó todo el trozo.

The next day, Buck copied Pike and stole the whole chunk.

Se produjo un gran alboroto, pero no se sospechó de Buck.

A great uproar followed, but Buck was not suspected.

Dub, un perro torpe que siempre era atrapado, fue castigado.

Dub, a clumsy dog who always got caught, was punished instead.

Ese primer robo marcó a Buck como un perro apto para sobrevivir en el Norte.

That first theft marked Buck as a dog fit to survive the North.

Demostró que podía adaptarse a nuevas condiciones y aprender rápidamente.

He showed he could adapt to new conditions and learn quickly.

Sin esa adaptabilidad, habría muerto rápida y gravemente.

Without such adaptability, he would have died swiftly and badly.

También marcó el colapso de su naturaleza moral y de sus valores pasados.

It also marked the breakdown of his moral nature and past values.

En el Sur, había vivido bajo la ley del amor y la bondad.

In the Southland, he had lived under the law of love and kindness.

Allí tenía sentido respetar la propiedad y los sentimientos de los otros perros.

There it made sense to respect property and other dogs' feelings.

Pero en el Norte se aplicaba la ley del garrote y la ley del colmillo.

But the Northland followed the law of club and the law of fang.

Quienquiera que respetara los viejos valores aquí sería un tonto y fracasaría.

Whoever respected old values here was foolish and would fail.

Buck no razonó todo esto en su mente.

Buck did not reason all this out in his mind.

Estaba en forma y se adaptó sin necesidad de pensar.

He was fit, and so he adjusted without needing to think.

Durante toda su vida, nunca había huido de una pelea.

All his life, he had never run away from a fight.

Pero el garrote de madera del hombre del suéter rojo cambió esa regla.

But the wooden club of the man in the red sweater changed that rule.

Ahora seguía un código más profundo y antiguo escrito en su ser.

Now he followed a deeper, older code written into his being.

No robó por placer sino por el dolor del hambre.

He did not steal out of pleasure, but from the pain of hunger.

Él nunca robaba abiertamente, sino que hurtaba con astucia y cuidado.

He never robbed openly, but stole with cunning and care.

Actuó por respeto al garrote de madera y por miedo al colmillo.

He acted out of respect for the wooden club and fear of the fang.

En resumen, hizo lo que era más fácil y seguro que no hacerlo.

In short, he did what was easier and safer than not doing it.

Su desarrollo —o quizás su regreso a los viejos instintos— fue rápido.

His development—or perhaps his return to old instincts—was fast.

Sus músculos se endurecieron hasta sentirse tan fuertes como el hierro.

His muscles hardened until they felt as strong as iron.

Ya no le importaba el dolor, a menos que fuera grave.

He no longer cared about pain, unless it was serious.

Se volvió eficiente por dentro y por fuera, sin desperdiciar nada.

He became efficient inside and out, wasting nothing at all.

Podía comer cosas viles, podridas o difíciles de digerir.

He could eat things that were vile, rotten, or hard to digest.

Todo lo que comía, su estómago aprovechaba hasta el último vestigio de valor.

Whatever he ate, his stomach used every last bit of value.

Su sangre transportaba los nutrientes a través de su poderoso cuerpo.

His blood carried the nutrients far through his powerful body.

Esto creó tejidos fuertes que le dieron una resistencia increíble.

This built strong tissues that gave him incredible endurance.

Su vista y su olfato se volvieron mucho más sensibles que antes.

His sight and smell became much more sensitive than before.

Su audición se agudizó tanto que podía detectar sonidos débiles durante el sueño.

His hearing grew so sharp he could detect faint sounds in sleep.

Sabía en sueños si los sonidos significaban seguridad o peligro.

He knew in his dreams whether the sounds meant safety or danger.

Aprendió a morder el hielo entre los dedos de los pies con los dientes.

He learned to bite the ice between his toes with his teeth.

Si un charco de agua se congelaba, rompía el hielo con las piernas.

If a water hole froze over, he would break the ice with his legs.

Se encabritó y golpeó con fuerza el hielo con sus rígidas patas delanteras.

He reared up and struck the ice hard with stiff front limbs.

Su habilidad más sorprendente era predecir los cambios del viento durante la noche.

His most striking ability was predicting wind changes overnight.

Incluso cuando el aire estaba quieto, elegía lugares protegidos del viento.

Even when the air was still, he chose spots sheltered from wind.

Dondequiera que cavaba su nido, el viento del día siguiente lo pasaba de largo.

Wherever he dug his nest, the next day's wind passed him by.

Siempre acababa abrigado y protegido, a sotavento de la brisa.

He always ended up snug and protected, to leeward of the breeze.

Buck no sólo aprendió con la experiencia: sus instintos también regresaron.

Buck not only learned by experience—his instincts returned too.

Los hábitos de las generaciones domesticadas comenzaron a desaparecer.

The habits of domesticated generations began to fall away.

De manera vaga, recordaba los tiempos antiguos de su raza.

In vague ways, he remembered the ancient times of his breed.

Recordó cuando los perros salvajes corrían en manadas por los bosques.

He thought back to when wild dogs ran in packs through forests.

Habían perseguido y matado a su presa mientras la perseguían.

They had chased and killed their prey while running it down.

Para Buck fue fácil aprender a pelear con dientes y velocidad.

It was easy for Buck to learn how to fight with tooth and speed.

Utilizaba cortes, tajos y chasquidos rápidos igual que sus antepasados.

He used cuts, slashes, and quick snaps just like his ancestors.

Aquellos antepasados se agitaron dentro de él y despertaron su naturaleza salvaje.

Those ancestors stirred within him and awoke his wild nature.

Sus antiguas habilidades habían pasado a él a través de la línea de sangre.

Their old skills had passed into him through the bloodline.

Sus trucos ahora eran suyos, sin necesidad de práctica ni esfuerzo.

Their tricks were his now, with no need for practice or effort.

En las noches frías y quietas, Buck levantaba la nariz y aullaba.

On still, cold nights, Buck lifted his nose and howled.

Aulló largo y profundamente, como lo hacían los lobos antaño.

He howled long and deep, the way wolves had done long ago.

A través de él, sus antepasados muertos apuntaron sus narices y aullaron.

Through him, his dead ancestors pointed their noses and howled.

Aullaron a través de los siglos con su voz y su forma.

They howled down through the centuries in his voice and shape.

Sus cadencias eran las de ellos, viejos gritos que hablaban de dolor y frío.

His cadences were theirs, old cries that told of grief and cold.

Cantaron sobre la oscuridad, el hambre y el significado del invierno.

They sang of darkness, of hunger, and the meaning of winter.

Buck demostró cómo la vida está determinada por fuerzas ajenas a uno mismo.

Buck proved of how life is shaped by forces beyond oneself,

La antigua canción se elevó a través de Buck y se apoderó de su alma.

the ancient song rose through Buck and took hold of his soul.

Se encontró a sí mismo porque los hombres habían encontrado oro en el Norte.

He found himself because men had found gold in the North.
Y se encontró porque Manuel, el ayudante del jardinero, necesitaba dinero.
And he found himself because Manuel, the gardener's helper, needed money.

La Bestia Primordial Dominante
The Dominant Primordial Beast

La bestia primordial dominante era tan fuerte como siempre en Buck.

The dominant primordial beast was as strong as ever in Buck.

Pero la bestia primordial dominante yacía latente en él.

But the dominant primordial beast had lain dormant in him.

La vida en el camino era dura, pero fortalecía a la bestia que Buck llevaba dentro.

Trail life was harsh, but it strengthened beast inside Buck.

En secreto, la bestia se hacía cada día más fuerte.

Secretly the beast grew stronger and stronger every day.

Pero ese crecimiento interior permaneció oculto para el mundo exterior.

But that inner growth stayed hidden to the outside world.

Una fuerza primordial, tranquila y calmada se estaba construyendo dentro de Buck.

A quiet and calm primordial force was building inside Buck.

Una nueva astucia le proporcionó a Buck equilibrio, calma, control y aplomo.

New cunning gave Buck balance, calm control, and poise.

Buck se concentró mucho en adaptarse, sin sentirse nunca totalmente relajado.

Buck focused hard on adapting, never feeling fully relaxed.

Él evitaba los conflictos, nunca iniciaba peleas ni buscaba problemas.

He avoided conflict, never starting fights, nor seeking trouble.

Una reflexión lenta y constante moldeó cada movimiento de Buck.

A slow, steady thoughtfulness shaped Buck's every move.

Evitó las elecciones precipitadas y las decisiones repentinas e imprudentes.

He avoided rash choices and sudden, reckless decisions.

Aunque Buck odiaba profundamente a Spitz, no le mostró ninguna agresión.

Though Buck hated Spitz deeply, he showed him no aggression.

Buck nunca provocó a Spitz y mantuvo sus acciones moderadas.

Buck never provoked Spitz, and kept his actions restrained.

Spitz, por otro lado, percibió el creciente peligro en Buck.

Spitz, on the other hand, sensed the growing danger in Buck.

Él veía a Buck como una amenaza y un serio desafío a su poder.

He saw Buck as a threat and a serious challenge to his power.

Aprovechó cada oportunidad para gruñir y mostrar sus afilados dientes.

He used every chance to snarl and show his sharp teeth.

Estaba tratando de iniciar la pelea mortal que estaba por venir.

He was trying to start the deadly fight that had to come.

Al principio del viaje casi se desató una pelea entre ellos.

Early in the trip, a fight nearly broke out between them.

Pero un accidente inesperado detuvo la pelea.

But an unexpected accident stopped the fight from happening.

Esa tarde acamparon en el gélido lago Le Barge.

That evening they set up camp on the bitterly cold Lake Le Barge.

La nieve caía con fuerza y el viento cortaba como un cuchillo.

The snow was falling hard, and the wind cut like a knife.

La noche había llegado demasiado rápido y la oscuridad los rodeaba.

The night had come too fast, and darkness surrounded them.

Difícilmente podrían haber elegido un peor lugar para descansar.

They could hardly have chosen a worse place for rest.

Los perros buscaban desesperadamente un lugar donde tumbarse.

The dogs searched desperately for a place to lie down.

Detrás del pequeño grupo se alzaba una alta pared de roca.

A tall rock wall rose steeply behind the small group.

La tienda de campaña había sido abandonada en Dyea para aligerar la carga.

The tent had been left behind in Dyea to lighten the load.

No les quedó más remedio que hacer el fuego sobre el propio hielo.

They had no choice but to make the fire on the ice itself.

Extendieron sus batas para dormir directamente sobre el lago helado.

They spread their sleeping robes directly on the frozen lake.

Unos cuantos palitos de madera flotante les dieron un poco de fuego.

A few sticks of driftwood gave them a little bit of fire.

Pero el fuego se construyó sobre el hielo y se descongeló a través de él.

But the fire was built on the ice, and thawed through it.

Al final, estaban comiendo su cena en la oscuridad.

Eventually they were eating their supper in darkness.

Buck se acurrucó junto a la roca, protegido del viento frío.

Buck curled up beside the rock, sheltered from the cold wind.

El lugar era tan cálido y seguro que Buck odiaba mudarse.

The spot was so warm and safe that Buck hated to move away.

Pero François había calentado el pescado y estaba repartiendo raciones.

But François had warmed the fish and was handing out rations.

Buck terminó de comer rápidamente y regresó a su cama.

Buck finished eating quickly, and returned to his bed.

Pero Spitz ahora estaba acostado donde Buck había hecho su cama.

But Spitz was now laying where Buck had made his bed.

Un gruñido bajo advirtió a Buck que Spitz se negaba a moverse.

A low snarl warned Buck that Spitz refused to move.

Hasta ahora, Buck había evitado esta pelea con Spitz.

Until now, Buck had avoided this fight with Spitz.

Pero en lo más profundo de Buck la bestia finalmente se liberó.

But deep inside Buck the beast finally broke loose.

El robo de su lugar para dormir era algo demasiado difícil de tolerar.

The theft of his sleeping place was too much to tolerate.

Buck se lanzó hacia Spitz, lleno de ira y rabia.

Buck launched himself at Spitz, full of anger and rage.

Hasta ahora Spitz había pensado que Buck era sólo un perro grande.

Up until not Spitz had thought Buck was just a big dog.

No creía que Buck hubiera sobrevivido a través de su espíritu.

He didn't think Buck had survived through his spirit.

Esperaba miedo y cobardía, no furia y venganza.

He was expecting fear and cowardice, not fury and revenge.

François se quedó mirando mientras los dos perros salían del nido en ruinas.

François stared as both dogs burst from the ruined nest.

Comprendió de inmediato lo que había iniciado la salvaje lucha.

He understood at once what had started the wild struggle.

—¡Ah! —gritó François en apoyo del perro marrón.

"A-a-ah!" François cried out in support of the brown dog.

¡Dale una paliza! ¡Por Dios, castiga a ese ladrón astuto!

"Give him a beating! By God, punish that sneaky thief!"

Spitz mostró la misma disposición y un entusiasmo salvaje por luchar.

Spitz showed equal readiness and wild eagerness to fight.

Gritó de rabia mientras giraba rápidamente en busca de una abertura.

He cried out in rage while circling fast, seeking an opening.

Buck mostró el mismo hambre de luchar y la misma cautela.

Buck showed the same hunger to fight, and the same caution.

También rodeó a su oponente, intentando obtener la ventaja en la batalla.

He circled his opponent as well, trying to gain the upper hand in battle.

Entonces sucedió algo inesperado y lo cambió todo.

Then something unexpected happened and changed everything.

Ese momento retrasó la eventual lucha por el liderazgo.

That moment delayed the eventual fight for the leadership.

Muchos kilómetros de camino y lucha aún nos esperaban antes del final.

Many miles of trail and struggle still waited before the end.

Perrault gritó un juramento cuando un garrote impactó contra el hueso.

Perrault shouted an oath as a club smacked against bone.

Se escuchó un agudo grito de dolor y luego el caos explotó por todas partes.

A sharp yelp of pain followed, then chaos exploded all around.

En el campamento se movían figuras oscuras: perros esquimales salvajes, hambrientos y feroces.

Dark shapes moved in camp; wild huskies, starved and fierce.

Cuatro o cinco docenas de perros esquimales habían olfateado el campamento desde lejos.

Four or five dozen huskies had sniffed the camp from far away.

Se habían colado sigilosamente mientras los dos perros peleaban cerca.

They had crept in quietly while the two dogs fought nearby.

François y Perrault atacaron con garrotes a los invasores.

François and Perrault charged, swinging clubs at the invaders.

Los perros esquimales hambrientos mostraron los dientes y contraatacaron frenéticamente.

The starving huskies showed teeth and fought back in frenzy.

El olor a carne y a pan les había hecho perder todo miedo.

The smell of meat and bread had driven them past all fear.

Perrault golpeó a un perro que había enterrado su cabeza en el cajón de comida.

Perrault beat a dog that had buried its head in the grub-box.

El golpe fue muy fuerte y la caja se volcó, derramándose comida.

The blow hit hard, and the box flipped, food spilling out.

En cuestión de segundos, una veintena de bestias salvajes destrozaron el pan y la carne.

In seconds, a score of wild beasts tore into the bread and meat.

Los garrotes de los hombres asestaron golpe tras golpe, pero ningún perro se apartó.

The men's clubs landed blow after blow, but no dog turned away.

Aullaron de dolor, pero lucharon hasta que no quedó comida.

They howled in pain, but fought until no food remained.

Mientras tanto, los perros de trineo habían saltado de sus camas nevadas.

Meanwhile, the sled-dogs had jumped from their snowy beds.

Fueron atacados instantáneamente por los feroces y hambrientos huskies.

They were instantly attacked by the vicious hungry huskies.

Buck nunca había visto criaturas tan salvajes y hambrientas antes.

Buck had never seen such wild and starved creatures before.

Su piel colgaba suelta, ocultando apenas sus esqueletos.

Their skin hung loose, barely hiding their skeletons.

Había un fuego en sus ojos, de hambre y locura.

There was a fire in their eyes, from hunger and madness

No había manera de detenerlos, de resistirse a su ataque salvaje.

There was no stopping them; no resisting their savage rush.

Los perros de trineo fueron empujados hacia atrás y presionados contra la pared del acantilado.

The sled-dogs were shoved back, pressed against the cliff wall.

Tres perros esquimales atacaron a Buck a la vez, desgarrando su carne.

Three huskies attacked Buck at once, tearing into his flesh.

La sangre le brotaba de la cabeza y de los hombros, donde había recibido el corte.

Blood poured from his head and shoulders, where he'd been cut.

El ruido llenó el campamento: gruñidos, aullidos y gritos de dolor.

The noise filled the camp; growling, yelps, and cries of pain.

Billee gritó fuerte, como siempre, atrapada en la pelea y el pánico.

Billee cried loudly, as usual, caught in the fray and panic.

Dave y Solleks estaban uno al lado del otro, sangrando pero desafiantes.

Dave and Solleks stood side by side, bleeding but defiant.

Joe peleó como un demonio, mordiendo todo lo que se acercaba.

Joe fought like a demon, biting anything that came close.

Aplastó la pata de un husky con un brutal chasquido de sus mandíbulas.

He crushed a husky's leg with one brutal snap of his jaws.

Pike saltó sobre el husky herido y le rompió el cuello instantáneamente.

Pike jumped on the wounded husky and broke its neck instantly.

Buck agarró a un husky por el cuello y le arrancó la vena.

Buck caught a husky by the throat and ripped through the vein.

La sangre salpicó y el sabor cálido llevó a Buck al frenesí.

Blood sprayed, and the warm taste drove Buck into a frenzy.

Se abalanzó sobre otro atacante sin dudarlo.

He hurled himself at another attacker without hesitation.

En ese mismo momento, unos dientes afilados se clavaron en la garganta de Buck.

At the same moment, sharp teeth dug into Buck's own throat.

Spitz había atacado desde un costado, sin previo aviso.

Spitz had struck from the side, attacking without warning.

Perrault y François habían derrotado a los perros robando la comida.

Perrault and François had defeated the dogs stealing the food.

Ahora se apresuraron a ayudar a sus perros a luchar contra los atacantes.

Now they rushed to help their dogs fight back the attackers.

Los perros hambrientos se retiraron mientras los hombres blandían sus garrotes.

The starving dogs retreated as the men swung their clubs.

Buck se liberó del ataque, pero el escape fue breve.

Buck broke free from the attack, but the escape was brief.

Los hombres corrieron a salvar a sus perros, y los huskies volvieron a atacarlos.

The men ran to save their dogs, and the huskies swarmed again.

Billee, aterrorizado y valiente, saltó hacia la jauría de perros.

Billee, frightened into bravery, leapt into the pack of dogs.

Pero luego huyó a través del hielo, presa del terror y el pánico.

But then he fled across the ice, in raw terror and panic.

Pike y Dub los siguieron de cerca, corriendo para salvar sus vidas.

Pike and Dub followed close behind, running for their lives.

El resto del equipo se separó y se dispersó, siguiéndolos.

The rest of the team broke and scattered, following after them.

Buck reunió sus fuerzas para correr, pero entonces vio un destello.

Buck gathered his strength to run, but then saw a flash.

Spitz se abalanzó sobre el costado de Buck, intentando derribarlo al suelo.

Spitz lunged at Buck's side, trying to knock him to the ground.

Bajo esa turba de perros esquimales, Buck no habría tenido escapatoria.

Under that mob of huskies, Buck would have had no escape.

Pero Buck se mantuvo firme y se preparó para el golpe de Spitz.

But Buck stood firm and braced for the blow from Spitz.

Luego se dio la vuelta y salió corriendo al hielo con el equipo que huía.

Then he turned and ran out onto the ice with the fleeing team.

Más tarde, los nueve perros de trineo se reunieron al abrigo del bosque.

Later, the nine sled-dogs gathered in the shelter of the woods.

Ya nadie los perseguía, pero estaban maltratados y heridos.

No one chased them anymore, but they were battered and wounded.

Cada perro tenía heridas: cuatro o cinco cortes profundos en cada cuerpo.

Each dog had wounds; four or five deep cuts on every body.

Dub tenía una pata trasera herida y ahora le costaba caminar.

Dub had an injured hind leg and struggled to walk now.

Dolly, la perrita más nueva de Dyea, tenía la garganta cortada.

Dolly, the newest dog from Dyea, had a slashed throat.

Joe había perdido un ojo y la oreja de Billee estaba cortada en pedazos.

Joe had lost an eye, and Billee's ear was cut to pieces

Todos los perros lloraron de dolor y derrota durante toda la noche.

All the dogs cried in pain and defeat through the night.

Al amanecer regresaron al campamento doloridos y destrozados.

At dawn they crept back to camp, sore and broken.

Los perros esquimales habían desaparecido, pero el daño ya estaba hecho.

The huskies had vanished, but the damage had been done.

Perrault y François estaban de mal humor ante las ruinas.

Perrault and François stood in foul moods over the ruin.

La mitad de la comida había desaparecido, robada por los ladrones hambrientos.

Half of the food was gone, snatched by the hungry thieves.

Los perros esquimales habían destrozado las ataduras y la lona del trineo.

The huskies had torn through sled bindings and canvas.

Todo lo que tenía olor a comida había sido devorado por completo.

Anything with a smell of food had been devoured completely.

Se comieron un par de botas de viaje de piel de alce de Perrault.

They ate a pair of Perrault's moose-hide traveling boots.

Masticaban correas de cuero y arruinaban las correas hasta dejarlas inservibles.

They chewed leather reis and ruined straps beyond use.

François dejó de mirar el látigo roto para revisar a los perros.

François stopped staring at the torn lash to check the dogs.

—Ah, amigos míos —dijo en voz baja y llena de preocupación.

"Ah, my friends," he said, his voice low and filled with worry.

"Tal vez todas estas mordeduras os conviertan en bestias locas."

"Maybe all these bites will turn you into mad beasts."

—¡Quizás todos sean perros rabiosos, sacredam! ¿Qué opinas, Perrault?

"Maybe all mad dogs, sacredam! What do you think, Perrault?"

Perrault meneó la cabeza; sus ojos estaban oscuros por la preocupación y el miedo.

Perrault shook his head, eyes dark with concern and fear.

Todavía había cuatrocientas millas entre ellos y Dawson.

Four hundred miles still lay between them and Dawson.

La locura canina ahora podría destruir cualquier posibilidad de supervivencia.

Dog madness now could destroy any chance of survival.

Pasaron dos horas maldiciendo y tratando de arreglar el engranaje.

They spent two hours swearing and trying to fix the gear.

El equipo herido finalmente abandonó el campamento, destrozado y derrotado.

The wounded team finally left the camp, broken and defeated.

Éste fue el camino más difícil hasta ahora y cada paso era doloroso.

This was the hardest trail yet, and each step was painful.

El río Treinta Millas no se había congelado y su caudal corría con fuerza.

The Thirty Mile River had not frozen, and was rushing wildly.

Sólo en los lugares tranquilos y en los remolinos el hielo logró retenerse.

Only in calm spots and swirling eddies did ice manage to hold.

Pasaron seis días de duro trabajo hasta recorrer las treinta millas.

Six days of hard labor passed until the thirty miles were done.

Cada kilómetro del camino traía consigo peligro y amenaza de muerte.

Each mile of the trail brought danger and the threat of death.

Los hombres y los perros arriesgaban sus vidas con cada doloroso paso.

The men and dogs risked their lives with every painful step.

Perrault rompió delgados puentes de hielo una docena de veces diferentes.

Perrault broke through thin ice bridges a dozen different times.

Llevó un palo y lo dejó caer sobre el agujero que había hecho su cuerpo.

He carried a pole and let it fall across the hole his body made.

Más de una vez ese palo salvó a Perrault de ahogarse.

More than once did that pole save Perrault from drowning.

La ola de frío se mantuvo firme y el aire estaba a cincuenta grados bajo cero.

The cold snap held firm, the air was fifty degrees below zero.

Cada vez que se caía, Perrault tenía que encender un fuego para sobrevivir.

Every time he fell in, Perrault had to light a fire to survive.

La ropa mojada se congelaba rápidamente, por lo que la secaba cerca del calor abrasador.

Wet clothing froze fast, so he dried them near blazing heat.

Ningún miedo afectó jamás a Perrault, y eso lo convirtió en mensajero.

No fear ever touched Perrault, and that made him a courier.

Fue elegido para el peligro y lo afrontó con tranquila resolución.

He was chosen for danger, and he met it with quiet resolve.

Avanzó contra el viento, con el rostro arrugado y congelado.

He pressed forward into wind, his shriveled face frostbitten.

Desde el amanecer hasta el anochecer, Perrault los condujo hacia adelante.

From faint dawn to nightfall, Perrault led them onward.

Caminó sobre un estrecho borde de hielo que se agrietaba con cada paso.

He walked on narrow rim ice that cracked with every step.

No se atrevieron a detenerse: cada pausa suponía el riesgo de un colapso mortal.

They dared not stop—each pause risked a deadly collapse.

Una vez, el trineo se abrió paso y arrastró a Dave y Buck.

One time the sled broke through, pulling Dave and Buck in.

Cuando los liberaron, ambos estaban casi congelados.

By the time they were dragged free, both were near frozen.

Los hombres hicieron un fuego rápidamente para mantener con vida a Buck y Dave.

The men built a fire quickly to keep Buck and Dave alive.

Los perros estaban cubiertos de hielo desde la nariz hasta la cola, rígidos como madera tallada.

The dogs were coated in ice from nose to tail, stiff as carved wood.

Los hombres los hicieron correr en círculos cerca del fuego para descongelar sus cuerpos.

The men ran them in circles near the fire to thaw their bodies.

Se acercaron tanto a las llamas que su pelaje se quemó.

They came so close to the flames that their fur was singed.

Luego Spitz rompió el hielo y arrastró al equipo detrás de él.

Spitz broke through the ice next, dragging in the team behind him.

La ruptura llegó hasta donde Buck estaba tirando.

The break reached all the way up to where Buck was pulling.

Buck se reclinó con fuerza hacia atrás, sus patas resbalaron y temblaron en el borde.

Buck leaned back hard, paws slipping and trembling on the edge.

Dave también se esforzó hacia atrás, justo detrás de Buck en la línea.

Dave also strained backward, just behind Buck on the line.

François tiró del trineo; sus músculos crujían por el esfuerzo.

François hauled on the sled, his muscles cracking with effort.

En otra ocasión, el borde del hielo se agrietó delante y detrás del trineo.

Another time, rim ice cracked before and behind the sled.

No tenían otra salida que escalar una pared del acantilado congelado.

They had no way out except to climb a frozen cliff wall.

De alguna manera Perrault logró escalar el muro; un milagro lo mantuvo con vida.

Perrault somehow climbed the wall; a miracle kept him alive.

François se quedó abajo, rezando por tener la misma suerte.

François stayed below, praying for the same kind of luck.

Ataron todas las correas, amarres y tirantes hasta formar una cuerda larga.

They tied every strap, lashing, and trace into one long rope.

Los hombres subieron cada perro, uno a uno, hasta la cima.

The men hauled each dog up, one at a time to the top.

François subió el último, después del trineo y toda la carga.

François climbed last, after the sled and the entire load.

Entonces comenzó una larga búsqueda de un camino para bajar de los acantilados.

Then began a long search for a path down from the cliffs.

Finalmente descendieron usando la misma cuerda que habían hecho.

They finally descended using the same rope they had made.

La noche cayó cuando regresaron al lecho del río, exhaustos y doloridos.

Night fell as they returned to the riverbed, exhausted and sore.

El día completo les había proporcionado sólo un cuarto de milla de ganancia.

The full day had earned them only a quarter mile of gain.

Cuando llegaron a Hootalinqua, Buck estaba agotado.

By the time they reached the Hootalinqua, Buck was worn out.

Los demás perros sufrieron igual de mal las condiciones del sendero.

The other dogs suffered just as badly from the trail conditions.

Pero Perrault necesitaba recuperar tiempo y los presionaba cada día.

But Perrault needed to recover time, and pushed them on each day.

El primer día viajaron treinta millas hasta Big Salmon.

The first day they traveled thirty miles to Big Salmon.

Al día siguiente viajaron treinta y cinco millas hasta Little Salmon.

The next day they travelled thirty-five miles to Little Salmon.

Al tercer día avanzaron a través de cuarenta largas y heladas millas.

On the third day they pushed through forty long frozen miles.

Para entonces, se estaban acercando al asentamiento de Five Fingers.

By then, they were nearing the settlement of Five Fingers.

Los pies de Buck eran más suaves que los duros pies de los huskies nativos.

Buck's feet were softer than the hard feet of native huskies.

Sus patas se habían vuelto tiernas a lo largo de muchas generaciones civilizadas.

His paws had grown tender over many civilized generations.

Hace mucho tiempo, sus antepasados habían sido domesticados por hombres del río o cazadores.

Long ago, his ancestors had been tamed by river men or hunters.

Todos los días Buck cojeaba de dolor, caminando sobre sus patas doloridas y en carne viva.

Every day Buck limped in pain, walking on raw, aching paws.

En el campamento, Buck cayó como un cuerpo sin vida sobre la nieve.

At camp, Buck dropped like a lifeless form upon the snow.

Aunque estaba hambriento, Buck no se levantó a comer su cena.

Though starving, Buck did not rise to eat his evening meal.

François le trajo a Buck su ración, poniendo pescado junto a su hocico.

François brought Buck his ration, laying fish by his muzzle.

Cada noche, el conductor frotaba los pies de Buck durante media hora.

Each night the driver rubbed Buck's feet for half an hour.

François incluso cortó sus propios mocasines para hacer calzado para perros.

François even cut up his own moccasins to make dog footwear.

Cuatro zapatos cálidos le dieron a Buck un gran y bienvenido alivio.

Four warm shoes gave Buck a great and welcome relief.

Una mañana, François olvidó los zapatos y Buck se negó a levantarse.

One morning, François forgot the shoes, and Buck refused to rise.

Buck yacía de espaldas, con los pies en el aire, agitándolos lastimeramente.

Buck lay on his back, feet in the air, waving them pitifully.

Incluso Perrault sonrió al ver la dramática súplica de Buck.

Even Perrault grinned at the sight of Buck's dramatic plea.

Pronto los pies de Buck se endurecieron y los zapatos pudieron desecharse.

Soon Buck's feet grew hard, and the shoes could be discarded.

En Pelly, durante el periodo de uso del arnés, Dolly emitió un aullido terrible.

At Pelly, during harness time, Dolly let out a dreadful howl.

El grito fue largo y lleno de locura, sacudiendo a todos los perros.

The cry was long and filled with madness, shaking every dog.

Cada perro se erizaba de miedo sin saber el motivo.

Each dog bristled in fear without knowing the reason.

Dolly se volvió loca y se arrojó directamente hacia Buck.

Dolly had gone mad and hurled herself straight at Buck.

Buck nunca había visto la locura, pero el horror llenó su corazón.

Buck had never seen madness, but horror filled his heart.

Sin pensarlo, se dio la vuelta y huyó presa del pánico absoluto.

With no thought, he turned and fled in absolute panic.

Dolly lo persiguió con los ojos desorbitados y la saliva saliendo de sus mandíbulas.

Dolly chased him, her eyes wild, saliva flying from her jaws.

Ella se mantuvo justo detrás de Buck, sin ganar terreno ni quedarse atrás.

She kept right behind Buck, never gaining and never falling back.

Buck corrió a través del bosque, bajó por la isla y cruzó el hielo irregular.

Buck ran through woods, down the island, across jagged ice.

Cruzó hacia una isla, luego hacia otra, dando la vuelta nuevamente hasta el río.

He crossed to an island, then another, circling back to the river.

Aún así Dolly lo persiguió, con su gruñido detrás de cada paso.

Still Dolly chased him, her growl close behind at every step.

Buck podía oír su respiración y su rabia, aunque no se atrevía a mirar atrás.

Buck could hear her breath and rage, though he dared not look back.

François gritó desde lejos y Buck se giró hacia la voz.

François shouted from afar, and Buck turned toward the voice.

Todavía jadeando en busca de aire, Buck pasó corriendo, poniendo toda su esperanza en François.

Still gasping for air, Buck ran past, placing all hope in François.

El conductor del perro levantó un hacha y esperó mientras Buck pasaba volando.

The dog-driver raised an axe and waited as Buck flew past.

El hacha cayó rápidamente y golpeó la cabeza de Dolly con una fuerza mortal.

The axe came down fast and struck Dolly's head with deadly force.

Buck se desplomó cerca del trineo, jadeando e incapaz de moverse.

Buck collapsed near the sled, wheezing and unable to move.

Ese momento le dio a Spitz la oportunidad de golpear a un enemigo exhausto.

That moment gave Spitz his chance to strike an exhausted foe.

Mordió a Buck dos veces, desgarrando la carne hasta el hueso blanco.

Twice he bit Buck, ripping flesh down to the white bone.

El látigo de François hizo chasquear el látigo y golpeó a Spitz con toda su fuerza y furia.

François's whip cracked, striking Spitz with full, furious force.

Buck observó con alegría cómo Spitz recibía la paliza más dura que había recibido hasta entonces.

Buck watched with joy as Spitz received his harshest beating yet.

"Es un demonio ese Spitz", murmuró Perrault para sí mismo.

"He's a devil, that Spitz," Perrault muttered darkly to himself.

"Algún día, ese maldito perro matará a Buck, lo juro".

"Someday soon, that cursed dog will kill Buck — I swear it."

—Ese Buck tiene dos demonios dentro —respondió François asintiendo.

"That Buck has two devils in him," François replied with a nod.

"Cuando veo a Buck, sé que algo feroz le aguarda dentro".

"When I watch Buck, I know something fierce waits in him."

"Un día se pondrá furioso y destrozará a Spitz".

"One day, he'll get mad as fire and tear Spitz to pieces."

"Masticará a ese perro y lo escupirá en la nieve congelada".

"He'll chew that dog up and spit him on the frozen snow."

"Estoy seguro de que lo sé en lo más profundo de mi ser".

"Sure as anything, I know this deep in my bones."

A partir de ese momento los dos perros quedaron en guerra.

From that moment forward, the two dogs were locked in war.

Spitz lideró al equipo y mantuvo el poder, pero Buck lo desafió.

Spitz led the team and held power, but Buck challenged that.

Spitz vio su rango amenazado por este extraño extraño de Southland.

Spitz saw his rank threatened by this odd Southland stranger.

Buck no se parecía a ningún otro perro sureño que Spitz hubiera conocido antes.

Buck was unlike any southern dog Spitz had known before.

La mayoría de ellos fracasaron: eran demasiado débiles para sobrevivir al frío y al hambre.

Most of them failed—too weak to live through cold and hunger.

Murieron rápidamente bajo el trabajo, las heladas y el lento ardor del hambre.

They died fast under labor, frost, and the slow burn of famine.

Buck se destacó: cada día más fuerte, más inteligente y más salvaje.

Buck stood apart—stronger, smarter, and more savage each day.

Prosperó a pesar de las dificultades y creció hasta alcanzar el nivel de los perros esquimales del norte.

He thrived on hardship, growing to match the northern huskies.

Buck tenía fuerza, habilidad salvaje y un instinto paciente y mortal.

Buck had strength, wild skill, and a patient, deadly instinct.

El hombre con el garrote había golpeado la temeridad de Buck.

The man with the club had beaten rashness out of Buck.

La furia ciega desapareció y fue reemplazada por una astucia silenciosa y control.

Blind fury was gone, replaced by quiet cunning and control.

Esperó, tranquilo y primario, observando el momento adecuado.

He waited, calm and primal, watching for the right moment.

Su lucha por el mando se hizo inevitable y clara.

Their fight for command became unavoidable and clear.

Buck deseaba el liderazgo porque su espíritu lo exigía.

Buck desired leadership because his spirit demanded it.

Lo impulsaba el extraño orgullo nacido del camino y del arnés.

He was driven by the strange pride born of trail and harness.

Ese orgullo hizo que los perros tiraran hasta caer sobre la nieve.

That pride made dogs pull till they collapsed on the snow.

El orgullo los llevó a dar toda la fuerza que tenían.

Pride lured them into giving all the strength they had.

El orgullo puede atraer a un perro de trineo incluso hasta el punto de la muerte.

Pride can lure a sled-dog even to the point of death.

La pérdida del arnés dejó a los perros rotos y sin propósito.

Losing the harness left dogs broken and without purpose.

El corazón de un perro de trineo puede quedar aplastado por la vergüenza cuando se retira.

The heart of a sled-dog can be crushed by shame when they retire.

Dave vivió con ese orgullo mientras arrastraba el trineo desde atrás.

Dave lived by that pride as he dragged the sled from behind.

Solleks también lo dio todo con fuerza y lealtad.

Solleks, too, gave his all with grim strength and loyalty.

Cada mañana, el orgullo los transformaba de amargados a decididos.

Each morning, pride turned them from bitter to determined.

Empujaron todo el día y luego se quedaron en silencio al final del campamento.

They pushed all day, then dropped silent at the camp's end.

Ese orgullo le dio a Spitz la fuerza para poner a raya a los evasores.

That pride gave Spitz the strength to beat shirkers into line.

Spitz temía a Buck porque Buck tenía ese mismo orgullo profundo.

Spitz feared Buck because Buck carried that same deep pride.

El orgullo de Buck ahora se agitó contra Spitz, y no se detuvo.

Buck's pride now stirred against Spitz, and he did not stop.

Buck desafió el poder de Spitz y le impidió castigar a los perros.

Buck defied Spitz's power and blocked him from punishing dogs.

Cuando otros fallaron, Buck se interpuso entre ellos y su líder.

When others failed, Buck stepped between them and their leader.

Lo hizo con intención, dejando claro y abierto su desafío.

He did this with intent, making his challenge open and clear.

Una noche, una fuerte nevada cubrió el mundo con un profundo silencio.

On one night heavy snow blanketed the world in deep silence.

A la mañana siguiente, Pike, perezoso como siempre, no se levantó para ir a trabajar.

The next morning, Pike, lazy as ever, did not rise for work.

Se quedó escondido en su nido bajo una gruesa capa de nieve.

He stayed hidden in his nest beneath a thick layer of snow.

François gritó y buscó, pero no pudo encontrar al perro.

François called out and searched, but could not find the dog.

Spitz se puso furioso y atravesó furioso el campamento cubierto de nieve.

Spitz grew furious and stormed through the snow-covered camp.

Gruñó y olfateó, cavando frenéticamente con ojos llameantes.

He growled and sniffed, digging madly with blazing eyes.

Su rabia era tan feroz que Pike tembló de miedo bajo la nieve.

His rage was so fierce that Pike shook under the snow in fear.

Cuando finalmente encontraron a Pike, Spitz se abalanzó sobre él para castigar al perro que estaba escondido.

When Pike was finally found, Spitz lunged to punish the hiding dog.

Pero Buck saltó entre ellos con una furia igual a la de Spitz.

But Buck sprang between them with a fury equal to Spitz's own.

El ataque fue tan repentino e inteligente que Spitz cayó al suelo.

The attack was so sudden and clever that Spitz fell off his feet.

Pike, que estaba temblando, se animó ante este desafío.

Pike, who had been shaking, took courage from this defiance.

Saltó sobre el Spitz caído, siguiendo el audaz ejemplo de Buck.

He leapt on the fallen Spitz, following Buck's bold example.

Buck, que ya no estaba obligado por la justicia, se unió a la huelga de Spitz.

Buck, no longer bound by fairness, joined the strike on Spitz.

François, divertido pero firme en su disciplina, blandió su pesado látigo.

François, amused yet firm in discipline, swung his heavy lash.

Golpeó a Buck con todas sus fuerzas para acabar con la pelea.

He struck Buck with all his strength to break up the fight.

Buck se negó a moverse y se quedó encima del líder caído.

Buck refused to move and stayed atop the fallen leader.

François entonces utilizó el mango del látigo y golpeó con fuerza a Buck.

François then used the whip's handle, hitting Buck hard.

Tambaleándose por el golpe, Buck cayó hacia atrás bajo el asalto.

Staggering from the blow, Buck fell back under the assault.

François golpeó una y otra vez mientras Spitz castigaba a Pike.

François struck again and again while Spitz punished Pike.

Pasaron los días y Dawson City estaba cada vez más cerca.

Days passed, and Dawson City grew nearer and nearer.

Buck seguía interfiriendo, interponiéndose entre Spitz y otros perros.

Buck kept interfering, slipping between Spitz and other dogs.

Elegía bien sus momentos, esperando siempre que François se marchase.

He chose his moments well, always waiting for François to leave.

La rebelión silenciosa de Buck se extendió y el desorden se arraigó en el equipo.

Buck's quiet rebellion spread, and disorder took root in the team.

Dave y Solleks se mantuvieron leales, pero otros se volvieron rebeldes.

Dave and Solleks stayed loyal, but others grew unruly.

El equipo empeoró: se volvió inquieto, pendenciero y fuera de lugar.

The team grew worse—restless, quarrelsome, and out of line.

Ya nada funcionaba con fluidez y las peleas se volvieron algo habitual.

Nothing worked smoothly anymore, and fights became common.

Buck permaneció en el corazón del problema, provocando siempre malestar.

Buck stayed at the heart of the trouble, always provoking unrest.

François se mantuvo alerta, temeroso de la pelea entre Buck y Spitz.

François stayed alert, afraid of the fight between Buck and Spitz.

Cada noche, las peleas lo despertaban, temiendo que finalmente llegara el comienzo.

Each night, scuffles woke him, fearing the beginning finally arrived.

Saltó de su túnica, dispuesto a detener la pelea.

He leapt from his robe, ready to break up the fight.

Pero el momento nunca llegó y finalmente llegaron a Dawson.

But the moment never came, and they reached Dawson at last.

El equipo entró en la ciudad una tarde sombría, tensa y silenciosa.

The team entered the town one bleak afternoon, tense and quiet.

La gran batalla por el liderazgo todavía estaba suspendida en el aire.

The great battle for leadership still hung in the frozen air.

Dawson estaba lleno de hombres y perros de trineo, todos ocupados con el trabajo.

Dawson was full of men and sled-dogs, all busy with work.

Buck observó a los perros tirar cargas desde la mañana hasta la noche.

Buck watched the dogs pull loads from morning until night.

Transportaban troncos y leña y transportaban suministros a las minas.

They hauled logs and firewood, freighted supplies to the mines.

Donde antes trabajaban los caballos en las tierras del sur, ahora trabajaban los perros.

Where horses once worked in the Southland, dogs now labored.

Buck vio algunos perros del sur, pero la mayoría eran huskies parecidos a lobos.

Buck saw some dogs from the South, but most were wolf-like huskies.

Por la noche, como un reloj, los perros alzaban sus voces cantando.

At night, like clockwork, the dogs raised their voices in song.

A las nueve, a las doce y de nuevo a las tres, empezó el canto.

At nine, at midnight, and again at three, the singing began.

A Buck le encantaba unirse a su canto misterioso, de sonido salvaje y antiguo.

Buck loved joining their eerie chant, wild and ancient in sound.

La aurora llameó, las estrellas bailaron y la nieve cubrió la tierra.

The aurora flamed, stars danced, and snow blanketed the land.

El canto de los perros se elevó como un grito contra el silencio y el frío intenso.

The dogs' song rose as a cry against silence and bitter cold.

Pero su aullido contenía tristeza, no desafío, en cada larga nota.

But their howl held sorrow, not defiance, in every long note.

Cada grito lamentable estaba lleno de súplica: el peso de la vida misma.

Each wailing cry was full of pleading; the burden of life itself.

Esa canción era vieja, más vieja que las ciudades y más vieja que los incendios.

That song was old—older than towns, and older than fires

Aquella canción era más antigua incluso que las voces de los hombres.

That song was more ancient even than the voices of men.

Era una canción del mundo joven, cuando todas las canciones eran tristes.

It was a song from the young world, when all songs were sad.

La canción transportaba el dolor de incontables generaciones de perros.

The song carried sorrow from countless generations of dogs.

Buck sintió la melodía profundamente, gimiendo por un dolor arraigado en los siglos.

Buck felt the melody deeply, moaning from pain rooted in the ages.

Sollozaba por un dolor tan antiguo como la sangre salvaje en sus venas.

He sobbed from a grief as old as the wild blood in his veins.

El frío, la oscuridad y el misterio tocaron el alma de Buck.

The cold, the dark, and the mystery touched Buck's soul.

Esa canción demostró hasta qué punto Buck había regresado a sus orígenes.

That song proved how far Buck had returned to his origins.

Entre la nieve y los aullidos había encontrado el comienzo de su propia vida.

Through snow and howling he had found the start of his own life.

Siete días después de llegar a Dawson, partieron nuevamente.
Seven days after arriving in Dawson, they set off once again.
El equipo descendió del cuartel hasta el sendero Yukon.
The team dropped from the Barracks down to the Yukon Trail.
Comenzaron el viaje de regreso hacia Dyea y Salt Water.
They began the journey back toward Dyea and Salt Water.
Perrault llevaba despachos aún más urgentes que antes.
Perrault carried dispatches even more urgent than before.
También se sintió dominado por el orgullo por el sendero y se propuso establecer un récord.
He was also seized by trail pride and aimed to set a record.
Esta vez, varias ventajas estaban del lado de Perrault.
This time, several advantages were on Perrault's side.
Los perros habían descansado durante una semana entera y recuperaron su fuerza.
The dogs had rested for a full week and regained their strength.
El camino que ellos habían abierto ahora estaba compactado por otros.
The trail they had broken was now hard-packed by others.
En algunos lugares, la policía había almacenado comida tanto para perros como para hombres.
In places, police had stored food for dogs and men alike.
Perrault viajaba ligero, moviéndose rápido y con poco que lo pesara.
Perrault traveled light, moving fast with little to weigh him down.
Llegaron a Sixty-Mile, un recorrido de cincuenta millas, en la primera noche.
They reached Sixty-Mile, a fifty-mile run, by the first night.
El segundo día, se apresuraron a subir por el Yukón hacia Pelly.
On the second day, they rushed up the Yukon toward Pelly.

Pero estos grandes avances implicaron un gran esfuerzo para François.

But such fine progress came with much strain for François.

La rebelión silenciosa de Buck había destrozado la disciplina del equipo.

Buck's quiet rebellion had shattered the team's discipline.

Ya no tiraban juntos como una sola bestia bajo las riendas.

They no longer pulled together like one beast in the reins.

Buck había llevado a otros al desafío mediante su valiente ejemplo.

Buck had led others into defiance through his bold example.

La orden de Spitz ya no fue recibida con miedo ni respeto.

Spitz's command was no longer met with fear or respect.

Los demás perdieron el respeto que le tenían y se atrevieron a resistirse a su gobierno.

The others lost their awe of him and dared to resist his rule.

Una noche, Pike robó medio pescado y se lo comió bajo la mirada de Buck.

One night, Pike stole half a fish and ate it under Buck's eye.

Otra noche, Dub y Joe pelearon contra Spitz y quedaron impunes.

Another night, Dub and Joe fought Spitz and went unpunished.

Incluso Billee se quejó con menos dulzura y mostró una nueva agudeza.

Even Billee whined less sweetly and showed new sharpness.

Buck le gruñó a Spitz cada vez que se cruzaban.

Buck snarled at Spitz every time they crossed paths.

La actitud de Buck se volvió audaz y amenazante, casi como la de un matón.

Buck's attitude grew bold and threatening, nearly like a bully.

Caminó delante de Spitz con arrogancia, lleno de amenaza burlona.

He paced before Spitz with a swagger, full of mocking menace.

Ese colapso del orden se extendió también entre los perros de trineo.

That collapse of order also spread among the sled-dogs.

Pelearon y discutieron más que nunca, llenando el campamento de ruido.

They fought and argued more than ever, filling camp with noise.

La vida en el campamento se convertía cada noche en un caos salvaje y aullante.

Camp life turned into a wild, howling chaos each night.

Sólo Dave y Solleks permanecieron firmes y concentrados.

Only Dave and Solleks remained steady and focused.

Pero incluso ellos se enojaron por las peleas constantes.

But even they became short-tempered from the constant brawls.

François maldijo en lenguas extrañas y pisoteó con frustración.

François cursed in strange tongues and stomped in frustration.

Se tiró del pelo y gritó mientras la nieve volaba bajo sus pies.

He tore at his hair and shouted while snow flew underfoot.

Su látigo azotó a la manada, pero apenas logró mantenerlos bajo control.

His whip snapped across the pack but barely kept them in line.

Cada vez que él le daba la espalda, la lucha estallaba de nuevo.

Whenever his back was turned, the fighting broke out again.

François utilizó el látigo para azotar a Spitz, mientras Buck lideraba a los rebeldes.

François used the lash for Spitz, while Buck led the rebels.

Cada uno conocía el papel del otro, pero Buck evitó cualquier culpa.

Each knew the other's role, but Buck avoided any blame.

François nunca sorprendió a Buck iniciando una pelea o eludiendo su trabajo.

François never caught Buck starting a fight or shirking his job.

Buck trabajó duro con el arnés; el trabajo ahora emocionaba su espíritu.

Buck worked hard in harness—the toil now thrilled his spirit.

Pero encontró aún más alegría al provocar peleas y caos en el campamento.

But he found even more joy in stirring fights and chaos in camp.

Una noche, en la desembocadura del Tahkeena, Dub asustó a un conejo.

At the Tahkeena's mouth one evening, Dub startled a rabbit.

Falló el tiro y el conejo con raquetas de nieve saltó lejos.

He missed the catch, and the snowshoe rabbit sprang away.

En cuestión de segundos, todo el equipo de trineo los persiguió con gritos salvajes.

In seconds, the entire sled team gave chase with wild cries.

Cerca de allí, un campamento de la Policía del Noroeste albergaba cincuenta perros husky.

Nearby, a Northwest Police camp housed fifty husky dogs.

Se unieron a la caza y navegaron juntos por el río helado.

They joined the hunt, surging down the frozen river together.

El conejo se desvió del río y huyó hacia el lecho congelado del arroyo.

The rabbit turned off the river, fleeing up a frozen creek bed.

El conejo saltaba suavemente sobre la nieve mientras los perros se abrían paso con dificultad.

The rabbit skipped lightly over snow while the dogs struggled through.

Buck lideró la enorme manada de sesenta perros en cada curva.

Buck led the massive pack of sixty dogs around each twisting bend.

Avanzó lentamente y con entusiasmo, pero no pudo ganar terreno.

He pushed forward, low and eager, but could not gain ground.

Su cuerpo brillaba bajo la pálida luna con cada poderoso salto.

His body flashed under the pale moon with each powerful leap.

Más adelante, el conejo se movía como un fantasma, silencioso y demasiado rápido para atraparlo.

Ahead, the rabbit moved like a ghost, silent and too fast to catch.

Todos esos viejos instintos —el hambre, la emoción— se apoderaron de Buck.

All those old instincts—the hunger, the thrill—rushed through Buck.

Los humanos a veces sienten este instinto y se ven impulsados a cazar con armas de fuego y balas.

Humans feel this instinct at times, driven to hunt with gun and bullet.

Pero Buck sintió este sentimiento a un nivel más profundo y personal.

But Buck felt this feeling on a deeper and more personal level.

No podían sentir lo salvaje en su sangre como Buck podía sentirlo.

They could not feel the wild in their blood the way Buck could feel it.

Persiguió carne viva, dispuesto a matar con los dientes y saborear la sangre.

He chased living meat, ready to kill with his teeth and taste blood.

Su cuerpo se tensó de alegría, queriendo bañarse en la cálida vida roja.

His body strained with joy, wanting to bathe in warm red life.

Una extraña alegría marca el punto más alto que la vida puede alcanzar.

A strange joy marks the highest point life can ever reach.

La sensación de una cima donde los vivos olvidan que están vivos.

The feeling of a peak where the living forget they are even alive.

Esta alegría profunda conmueve al artista perdido en una inspiración ardiente.

This deep joy touches the artist lost in blazing inspiration.

Esta alegría se apodera del soldado que lucha salvajemente y no perdona a ningún enemigo.

This joy seizes the soldier who fights wildly and spares no foe.

Esta alegría ahora se apoderó de Buck mientras lideraba la manada con hambre primaria.

This joy now claimed Buck as he led the pack in primal hunger.

Aulló con el antiguo grito del lobo, emocionado por la persecución en vida.

He howled with the ancient wolf-cry, thrilled by the living chase.

Buck recurrió a la parte más antigua de sí mismo, perdida en la naturaleza.

Buck tapped into the oldest part of himself, lost in the wild.

Llegó a lo más profundo, más allá de la memoria, al tiempo crudo y antiguo.

He reached deep within, past memory, into raw, ancient time.

Una ola de vida pura recorrió cada músculo y tendón.

A wave of pure life surged through every muscle and tendon.

Cada salto gritaba que vivía, que avanzaba a través de la muerte.

Each leap shouted that he lived, that he moved through death.

Su cuerpo se elevaba alegremente sobre una tierra quieta y fría que nunca se movía.

His body soared joyfully over still, cold land that never stirred.

Spitz se mantuvo frío y astuto, incluso en sus momentos más salvajes.

Spitz stayed cold and cunning, even in his wildest moments.

Dejó el sendero y cruzó el terreno donde el arroyo se curvaba ampliamente.

He left the trail and crossed land where the creek curved wide.

Buck, sin darse cuenta de esto, permaneció en el sinuoso camino del conejo.

Buck, unaware of this, stayed on the rabbit's winding path.

Entonces, cuando Buck dobló una curva, el conejo fantasmal estaba frente a él.

Then, as Buck rounded a bend, the ghost-like rabbit was before him.

Vio una segunda figura saltar desde la orilla delante de la presa.

He saw a second figure leap from the bank ahead of the prey.

La figura era Spitz, aterrizando justo en el camino del conejo que huía.

The figure was Spitz, landing right in the path of the fleeing rabbit.

El conejo no pudo girar y se encontró con las fauces de Spitz en el aire.

The rabbit could not turn and met Spitz's jaws in mid-air.

La columna vertebral del conejo se rompió con un chillido tan agudo como el grito de un humano moribundo.

The rabbit's spine broke with a shriek as sharp as a dying human's cry.

Ante ese sonido, la caída de la vida a la muerte, la manada aulló fuerte.

At that sound—the fall from life to death—the pack howled loud.

Un coro salvaje se elevó detrás de Buck, lleno de oscuro deleite.

A savage chorus rose from behind Buck, full of dark delight.

Buck no emitió ningún grito ni sonido y se lanzó directamente hacia Spitz.

Buck gave no cry, no sound, and charged straight into Spitz.

Apuntó a la garganta, pero en lugar de eso golpeó el hombro.

He aimed for the throat, but struck the shoulder instead.

Cayeron sobre la nieve blanda; sus cuerpos trabados en combate.

They tumbled through soft snow; their bodies locked in combat.

Spitz se levantó rápidamente, como si nunca lo hubieran derribado.

Spitz sprang up quickly, as if never knocked down at all.

Cortó el hombro de Buck y luego saltó para alejarse de la pelea.

He slashed Buck's shoulder, then leaped clear of the fight.

Sus dientes chasquearon dos veces como trampas de acero y sus labios se curvaron y fueron feroces.

Twice his teeth snapped like steel traps, lips curled and fierce.

Retrocedió lentamente, buscando terreno firme bajo sus pies.

He backed away slowly, seeking firm ground under his feet.

Buck comprendió el momento instantánea y completamente.

Buck understood the moment instantly and fully.

Había llegado el momento; la lucha iba a ser una lucha a muerte.

The time had come; the fight was going to be a fight to the death.

Los dos perros daban vueltas, gruñendo, con las orejas planas y los ojos entrecerrados.

The two dogs circled, growling, ears flat, eyes narrowed.

Cada perro esperaba que el otro mostrara debilidad o un paso en falso.

Each dog waited for the other to show weakness or misstep.

Para Buck, la escena era inquietantemente conocida y recordada profundamente.

To Buck, the scene felt eerily known and deeply remembered.

El bosque blanco, la tierra fría, la batalla bajo la luz de la luna.

The white woods, the cold earth, the battle under moonlight.

Un pesado silencio llenó la tierra, profundo y antinatural.

A heavy silence filled the land, deep and unnatural.

Ningún viento se agitó, ninguna hoja se movió, ningún sonido rompió la quietud.

No wind stirred, no leaf moved, no sound broke the stillness.

El aliento de los perros se elevaba como humo en el aire helado y silencioso.

The dogs' breaths rose like smoke in the frozen, quiet air.

El conejo fue olvidado hace mucho tiempo por la manada de bestias salvajes.

The rabbit was long forgotten by the pack of wild beasts.

Estos lobos medio domesticados ahora permanecían quietos formando un amplio círculo.

These half-tamed wolves now stood still in a wide circle.

Estaban en silencio, sólo sus ojos brillantes revelaban su hambre.

They were quiet, only their glowing eyes revealed their hunger.

Su respiración se elevó mientras observaban cómo comenzaba la pelea final.

Their breath drifted upward, watching the final fight begin.

Para Buck, esta batalla era vieja y esperada, nada extraña.

To Buck, this battle was old and expected, not strange at all.

Parecía el recuerdo de algo que siempre estuvo destinado a suceder.

It felt like a memory of something always meant to happen.

Spitz era un perro de pelea entrenado, perfeccionado por innumerables peleas salvajes.

Spitz was a trained fighting dog, honed by countless wild brawls.

Desde Spitzbergen hasta Canadá, había vencido a muchos enemigos.

From Spitzbergen to Canada, he had mastered many foes.

Estaba lleno de furia, pero nunca dejó controlar la rabia.

He was filled with fury, but never gave control to rage.

Su pasión era aguda, pero siempre templada por un duro instinto.

His passion was sharp, but always tempered by hard instinct.

Nunca atacó hasta que su propia defensa estuvo en su lugar.

He never attacked until his own defense was in place.

Buck intentó una y otra vez alcanzar el vulnerable cuello de Spitz.

Buck tried again and again to reach Spitz's vulnerable neck.

Pero cada golpe era correspondido con un corte de los afilados dientes de Spitz.

But every strike was met by a slash from Spitz's sharp teeth.

Sus colmillos chocaron y ambos perros sangraron por los labios desgarrados.

Their fangs clashed, and both dogs bled from torn lips.

No importaba cuánto se lanzara Buck, no podía romper la defensa.

No matter how Buck lunged, he couldn't break the defense.

Se puso más furioso y se abalanzó con salvajes ráfagas de poder.

He grew more furious, rushing in with wild bursts of power.

Una y otra vez, Buck atacó la garganta blanca de Spitz.

Again and again, Buck struck for the white throat of Spitz.

Cada vez que Spitz esquivaba el ataque, contraatacaba con un mordisco cortante.

Each time Spitz evaded and struck back with a slicing bite.

Entonces Buck cambió de táctica y se abalanzó nuevamente hacia la garganta.

Then Buck shifted tactics, rushing as if for the throat again.

Pero él retrocedió a mitad del ataque y se giró para atacar desde un costado.

But he pulled back mid-attack, turning to strike from the side.

Le lanzó el hombro a Spitz con la intención de derribarlo.

He threw his shoulder into Spitz, aiming to knock him down.

Cada vez que lo intentaba, Spitz lo esquivaba y contraatacaba con un corte.

Each time he tried, Spitz dodged and countered with a slash.

El hombro de Buck se enrojeció cuando Spitz saltó después de cada golpe.

Buck's shoulder grew raw as Spitz leapt clear after every hit.

Spitz no había sido tocado, mientras que Buck sangraba por muchas heridas.

Spitz had not been touched, while Buck bled from many wounds.

La respiración de Buck era rápida y pesada y su cuerpo estaba cubierto de sangre.

Buck's breath came fast and heavy, his body slick with blood.

La pelea se volvió más brutal con cada mordisco y embestida.

The fight turned more brutal with each bite and charge.

A su alrededor, sesenta perros silenciosos esperaban que cayera el primero.

Around them, sixty silent dogs waited for the first to fall.

Si un perro caía, la manada terminaría la pelea.

If one dog dropped, the pack were going to finish the fight.

Spitz vio que Buck se estaba debilitando y comenzó a presionar para atacar.

Spitz saw Buck weakening, and began to press the attack.

Mantuvo a Buck fuera de equilibrio, obligándolo a luchar para mantener el equilibrio.

He kept Buck off balance, forcing him to fight for footing.

Una vez Buck tropezó y cayó, y todos los perros se levantaron.

Once Buck stumbled and fell, and all the dogs rose up.

Pero Buck se enderezó a mitad de la caída y todos volvieron a caer.

But Buck righted himself mid-fall, and everyone sank back down.

Buck tenía algo poco común: una imaginación nacida de un instinto profundo.

Buck had something rare—imagination born from deep instinct.

Peleó con impulso natural, pero también peleó con astucia.

He fought by natural drive, but he also fought with cunning.

Cargó de nuevo como si repitiera su truco de ataque con el hombro.

He charged again as if repeating his shoulder attack trick.

Pero en el último segundo, se agachó y pasó por debajo de Spitz.

But at the last second, he dropped low and swept beneath Spitz.

Sus dientes se clavaron en la pata delantera izquierda de Spitz con un chasquido.

His teeth locked on Spitz's front left leg with a snap.

Spitz ahora estaba inestable, con su peso sobre sólo tres patas.

Spitz now stood unsteady, his weight on only three legs.

Buck atacó de nuevo e intentó derribarlo tres veces.

Buck struck again, tried three times to bring him down.

En el cuarto intento utilizó el mismo movimiento con éxito.

On the fourth attempt he used the same move with success

Esta vez Buck logró morder la pata derecha de Spitz.

This time Buck managed to bite the right leg of Spitz.

Spitz, aunque lisiado y en agonía, siguió luchando por sobrevivir.

Spitz, though crippled and in agony, kept struggling to survive.

Vio que el círculo de huskies se estrechaba, con las lenguas afuera y los ojos brillantes.

He saw the circle of huskies tighten, tongues out, eyes glowing.

Esperaron para devorarlo, tal como habían hecho con los otros.

They waited to devour him, just as they had done to others.

Esta vez, él estaba en el centro; derrotado y condenado.

This time, he stood in the center; defeated and doomed.

Ya no había opción de escapar para el perro blanco.

There was no option to escape for the white dog now.

Buck no mostró piedad, porque la piedad no pertenecía a la naturaleza.

Buck showed no mercy, for mercy did not belong in the wild.

Buck se movió con cuidado, preparándose para la carga final.

Buck moved carefully, setting up for the final charge.

El círculo de perros esquimales se cerró; sintió sus respiraciones cálidas.

The circle of huskies closed in; he felt their warm breaths.

Se agacharon, preparados para saltar cuando llegara el momento.

They crouched low, prepared to spring when the moment came.

Spitz temblaba en la nieve, gruñendo y cambiando su postura.

Spitz quivered in the snow, snarling and shifting his stance.

Sus ojos brillaban, sus labios se curvaron y sus dientes brillaron en una amenaza desesperada.

His eyes glared, lips curled, teeth flashing in desperate threat.

Se tambaleó, todavía intentando contener el frío mordisco de la muerte.

He staggered, still trying to hold off the cold bite of death.

Ya había visto esto antes, pero siempre desde el lado ganador.

He had seen this before, but always from the winning side.

Ahora estaba en el bando perdedor; el derrotado; la presa; la muerte.

Now he was on the losing side; the defeated; the prey; death.

Buck voló en círculos para asestar el golpe final, mientras el círculo de perros se acercaba cada vez más.

Buck circled for the final blow, the ring of dogs pressed closer.

Podía sentir sus respiraciones calientes; listas para matar.

He could feel their hot breaths; ready for the kill.

Se hizo un silencio absoluto, todo estaba en su lugar, el tiempo se había detenido.

A stillness fell; all was in its place; time had stopped.

Incluso el aire frío entre ellos se congeló por un último momento.

Even the cold air between them froze for one last moment.

Sólo Spitz se movió, intentando contener su amargo final.

Only Spitz moved, trying to hold off his bitter end.

El círculo de perros se iba cerrando a su alrededor, tal como era su destino.

The circle of dogs was closing in around him, as was his destiny.

Ahora estaba desesperado, sabiendo lo que estaba a punto de suceder.

He was desperate now, knowing what was about to happen.

Buck saltó y hombro con hombro chocó una última vez.

Buck sprang in, shoulder met shoulder one last time.

Los perros se lanzaron hacia adelante, cubriendo a Spitz en la oscuridad nevada.

The dogs surged forward, covering Spitz in the snowy dark.
Buck observaba, erguido, vencedor en un mundo salvaje.
Buck watched, standing tall; the victor in a savage world.
La bestia primordial dominante había cometido su asesinato, y fue bueno.
The dominant primordial beast had made its kill, and it was good.

Aquel que ha alcanzado la maestría
He, Who Has Won to Mastership

¿Eh? ¿Qué dije? Digo la verdad cuando digo que Buck es un demonio.

"Eh? What did I say? I speak true when I say Buck is a devil."

François dijo esto a la mañana siguiente después de descubrir que Spitz había desaparecido.

François said this the next morning after finding Spitz missing.

Buck permaneció allí, cubierto de heridas por la feroz pelea.

Buck stood there, covered with wounds from the vicious fight.

François acercó a Buck al fuego y señaló las heridas.

François pulled Buck near the fire and pointed at the injuries.

"Ese Spitz peleó como Devik", dijo Perrault, mirando los profundos cortes.

"That Spitz fought like the Devik," said Perrault, eyeing the deep gashes.

—Y ese Buck peleó como dos demonios —respondió François inmediatamente.

"And that Buck fought like two devils," François replied at once.

"Ahora iremos a buen ritmo; no más Spitz, no más problemas".

"Now we will make good time; no more Spitz, no more trouble."

Perrault estaba empacando el equipo y cargando el trineo con cuidado.

Perrault was packing the gear and loaded the sled with care.

François enjaezó a los perros para prepararlos para la carrera del día.

François harnessed the dogs in preparation for the day's run.

Buck trotó directamente a la posición de liderazgo que alguna vez ocupó Spitz.

Buck trotted straight to the lead position once held by Spitz.

Pero François, sin darse cuenta, condujo a Solleks hacia el frente.

But François, not noticing, led Solleks forward to the front.

A juicio de François, Solleks era ahora el mejor perro guía.

In François's judgment, Solleks was now the best lead-dog.

Buck se abalanzó furioso sobre Solleks y lo hizo retroceder en protesta.

Buck sprang at Solleks in fury and drove him back in protest.

Se situó en el mismo lugar que una vez estuvo Spitz, ocupando la posición de liderazgo.

He stood where Spitz once had stood, claiming the lead position.

—¿Eh? ¿Eh? —gritó François, dándose palmadas en los muslos, divertido.

"Eh? Eh?" cried François, slapping his thighs in amusement.

—Mira a Buck. Mató a Spitz y ahora quiere aceptar el trabajo.

"Look at Buck—he killed Spitz, now he wants to take the job!"

—¡Vete, Chook! —gritó, intentando ahuyentar a Buck.

"Go away, Chook!" he shouted, trying to drive Buck away.

Pero Buck se negó a moverse y se mantuvo firme en la nieve.

But Buck refused to move and stood firm in the snow.

François agarró a Buck por la nuca y lo arrastró a un lado.

François grabbed Buck by the scruff, dragging him aside.

Buck gruñó bajo y amenazante, pero no atacó.

Buck growled low and threateningly but did not attack.

François puso a Solleks de nuevo en cabeza, intentando resolver la disputa.

François put Solleks back in the lead, trying to settle the dispute

El perro viejo mostró miedo de Buck y no quería quedarse.

The old dog showed fear of Buck and didn't want to stay.

Cuando François le dio la espalda, Buck expulsó nuevamente a Solleks.

When François turned his back, Buck drove Solleks out again.

Solleks no se resistió y se hizo a un lado silenciosamente una vez más.

Solleks did not resist and quietly stepped aside once more.

François se enojó y gritó: "¡Por Dios, te arreglo!"

François grew angry and shouted, "By God, I fix you!"

Se acercó a Buck sosteniendo un pesado garrote en su mano.

He came toward Buck holding a heavy club in his hand.

Buck recordaba bien al hombre del suéter rojo.

Buck remembered the man in the red sweater well.

Se retiró lentamente, observando a François, pero gruñendo profundamente.

He retreated slowly, watching François, but growling deeply.

No se apresuró a regresar, incluso cuando Solleks ocupó su lugar.

He did not rush back, even when Solleks stood in his place.

Buck voló en círculos fuera de su alcance, gruñendo con furia y protesta.

Buck circled just beyond reach, snarling in fury and protest.

Mantuvo la vista fija en el palo, dispuesto a esquivarlo si François lanzaba.

He kept his eyes on the club, ready to dodge if François threw.

Se había vuelto sabio y cauteloso en cuanto a las costumbres de los hombres con armas.

He had grown wise and wary in the ways of men with weapons.

François se dio por vencido y llamó a Buck nuevamente a su antiguo lugar.

François gave up and called Buck to his former place again.

Pero Buck retrocedió con cautela, negándose a obedecer la orden.

But Buck stepped back cautiously, refusing to obey the order.

François lo siguió, pero Buck sólo retrocedió unos pasos más.

François followed, but Buck only retreated a few steps more.

Después de un tiempo, François arrojó el arma al suelo, frustrado.

After some time, François threw the weapon down in frustration.

Pensó que Buck tenía miedo de que le dieran una paliza y que iba a venir sin hacer mucho ruido.

He thought Buck feared a beating and was going to come quietly.

Pero Buck no estaba evitando el castigo: estaba luchando por su rango.

But Buck wasn't avoiding punishment—he was fighting for rank.

Se había ganado el puesto de perro líder mediante una pelea a muerte.

He had earned the lead-dog spot through a fight to the death

No iba a conformarse con nada menos que ser el líder.

he was not going to settle for anything less than being the leader.

Perrault participó en la persecución para ayudar a atrapar al rebelde Buck.

Perrault took a hand in the chase to help catch the rebellious Buck.

Juntos lo hicieron correr alrededor del campamento durante casi una hora.

Together, they ran him around the camp for nearly an hour.

Le lanzaron garrotes, pero Buck los esquivó hábilmente.

They hurled clubs at him, but Buck dodged each one skillfully.

Lo maldijeron a él, a sus padres, a sus descendientes y a cada cabello que tenía.

They cursed him, his ancestors, his descendants, and every hair on him.

Pero Buck sólo gruñó y se quedó fuera de su alcance.

But Buck only snarled back and stayed just out of their reach.

Nunca intentó huir, sino que rodeó el campamento deliberadamente.

He never tried to run away but circled the camp deliberately.

Dejó claro que obedecería una vez que le dieran lo que quería.

He made it clear he was going to obey once they gave him what he wanted.

François finalmente se sentó y se rascó la cabeza con frustración.

François finally sat down and scratched his head in frustration.

Perrault miró su reloj, maldijo y murmuró algo sobre el tiempo perdido.

Perrault checked his watch, swore, and muttered about lost time.

Ya había pasado una hora cuando debían estar en el sendero.

An hour had already passed when they should have been on the trail.

François se encogió de hombros tímidamente y miró al mensajero, quien suspiró derrotado.

François shrugged sheepishly at the courier, who sighed in defeat.

Entonces François se acercó a Solleks y llamó a Buck una vez más.

Then François walked to Solleks and called out to Buck once more.

Buck se rió como se ríe un perro, pero mantuvo una distancia cautelosa.

Buck laughed like a dog laughs, but kept his cautious distance.

François le quitó el arnés a Solleks y lo devolvió a su lugar.

François removed Solleks's harness and returned him to his spot.

El equipo de trineo estaba completamente arneses y solo había un lugar libre.

The sled team stood fully harnessed, with only one spot unfilled.

La posición de liderazgo quedó vacía, claramente destinada solo para Buck.

The lead position remained empty, clearly meant for Buck alone.

François volvió a llamar, y nuevamente Buck rió y se mantuvo firme.

François called again, and again Buck laughed and held his ground.

—Tira el garrote —ordenó Perrault sin dudarlo.

"Throw down the club," Perrault ordered without hesitation.

François obedeció y Buck inmediatamente trotó hacia adelante orgulloso.

François obeyed, and Buck immediately trotted forward proudly.

Se rió triunfante y asumió la posición de líder.

He laughed triumphantly and stepped into the lead position.

François aseguró sus correajes y el trineo se soltó.

François secured his traces, and the sled was broken loose.

Ambos hombres corrieron al lado del equipo mientras corrían hacia el sendero del río.

Both men ran alongside as the team raced onto the river trail.

François tenía en alta estima a los "dos demonios" de Buck.

François had thought highly of Buck's "two devils,"

Pero pronto se dio cuenta de que en realidad había subestimado al perro.

but he soon realized he had actually underestimated the dog.

Buck asumió rápidamente el liderazgo y trabajó con excelencia.

Buck quickly assumed leadership and performed with excellence.

En juicio, pensamiento rápido y acción veloz, Buck superó a Spitz.

In judgment, quick thinking, and fast action, Buck surpassed Spitz.

François nunca había visto un perro igual al que Buck mostraba ahora.

François had never seen a dog equal to what Buck now displayed.

Pero Buck realmente sobresalía en imponer el orden e imponer respeto.

But Buck truly excelled in enforcing order and commanding respect.

Dave y Solleks aceptaron el cambio sin preocupación ni protesta.

Dave and Solleks accepted the change without concern or protest.

Se concentraron únicamente en el trabajo y en tirar con fuerza de las riendas.

They focused only on work and pulling hard in the reins.

A ellos les importaba poco quién iba delante, siempre y cuando el trineo siguiera moviéndose.

They cared little who led, so long as the sled kept moving.

Billee, la alegre, podría haber liderado todo lo que a ellos les importaba.

Billee, the cheerful one, could have led for all they cared.

Lo que les importaba era la paz y el orden en las filas.

What mattered to them was peace and order in the ranks.

El resto del equipo se había vuelto rebelde durante la decadencia de Spitz.

The rest of the team had grown unruly during Spitz's decline.

Se sorprendieron cuando Buck inmediatamente los puso en orden.

They were shocked when Buck immediately brought them to order.

Pike siempre había sido perezoso y arrastraba los pies detrás de Buck.

Pike had always been lazy and dragging his feet behind Buck.

Pero ahora el nuevo liderazgo lo ha disciplinado severamente.

But now was sharply disciplined by the new leadership.

Y rápidamente aprendió a aportar su granito de arena en el equipo.

And he quickly learned to pull his weight in the team.

Al final del día, Pike trabajó más duro que nunca.

By the end of the day, Pike worked harder than ever before.

Esa noche en el campamento, Joe, el perro amargado, finalmente fue sometido.

That night in camp, Joe, the sour dog, was finally subdued.

Spitz no logró disciplinarlo, pero Buck no falló.

Spitz had failed to discipline him, but Buck did not fail.

Utilizando su mayor peso, Buck superó a Joe en segundos.

Using his greater weight, Buck overwhelmed Joe in seconds.

Mordió y golpeó a Joe hasta que gimió y dejó de resistirse.

He bit and battered Joe until he whimpered and ceased resisting.

Todo el equipo mejoró a partir de ese momento.

The whole team improved from that moment on.

Los perros recuperaron su antigua unidad y disciplina.

The dogs regained their old unity and discipline.

En Rink Rapids, se unieron dos nuevos huskies nativos, Teek y Koona.

At Rink Rapids, two new native huskies, Teek and Koona, joined.

El rápido entrenamiento que Buck les dio sorprendió incluso a François.

Buck's swift training of them astonished even François.

"¡Nunca hubo un perro como ese Buck!" gritó con asombro.

"Never was there such a dog as that Buck!" he cried in amazement.

¡No, jamás! ¡Vale mil dólares, por Dios!

"No, never! He's worth one thousand dollars, by God!"

—¿Eh? ¿Qué dices, Perrault? —preguntó con orgullo.

"Eh? What do you say, Perrault?" he asked with pride.

Perrault asintió en señal de acuerdo y revisó sus notas.

Perrault nodded in agreement and checked his notes.

Ya vamos por delante del cronograma y ganamos más cada día.

We're already ahead of schedule and gaining more each day.

El sendero estaba duro y liso, sin nieve fresca.

The trail was hard-packed and smooth, with no fresh snow.

El frío era constante, rondando los cincuenta grados bajo cero durante todo el tiempo.

The cold was steady, hovering at fifty below zero throughout.

Los hombres cabalgaban y corrían por turnos para entrar en calor y ganar tiempo.

The men rode and ran in turns to keep warm and make time.

Los perros corrían rápido, con pocas paradas y siempre avanzando.

The dogs ran fast with few stops, always pushing forward.

El río Thirty Mile estaba casi congelado y era fácil cruzarlo.

The Thirty Mile River was mostly frozen and easy to travel across.

Salieron en un día lo que habían tardado diez días en llegar.

They went out in one day what had taken ten days coming in.

Hicieron una carrera de sesenta millas desde el lago Le Barge hasta White Horse.

They made a sixty-mile dash from Lake Le Barge to White Horse.

A través de los lagos Marsh, Tagish y Bennett se movieron increíblemente rápido.

Across Marsh, Tagish, and Bennett Lakes they moved incredibly fast.

El hombre corriendo remolcado detrás del trineo por una cuerda.

The running man towed behind the sled on a rope.

En la última noche de la segunda semana llegaron a su destino.

On the last night of week two they got to their destination.

Habían llegado juntos a la cima del Paso Blanco.

They had reached the top of White Pass together.

Descendieron al nivel del mar con las luces de Skaguay debajo de ellos.

They dropped down to sea level with Skaguay's lights below them.

Había sido una carrera que estableció un récord a través de kilómetros de desierto frío.

It had been a record-setting run across miles of cold wilderness.

Durante catorce días seguidos, recorrieron un promedio de cuarenta millas.

For fourteen days straight, they averaged a strong forty miles.

En Skaguay, Perrault y François transportaban mercancías por la ciudad.

In Skaguay, Perrault and François moved cargo through town.

Fueron aplaudidos y la multitud admirada les ofreció muchas bebidas.

They were cheered and offered many drinks by admiring crowds.

Los cazadores de perros y los trabajadores se reunieron alrededor del famoso equipo de perros.

Dog-busters and workers gathered around the famous dog team.

Luego, los forajidos del oeste llegaron a la ciudad y sufrieron una derrota violenta.

Then western outlaws came to town and met violent defeat.

La gente pronto se olvidó del equipo y se centró en un nuevo drama.

The people soon forgot the team and focused on new drama.

Luego vinieron las nuevas órdenes que cambiaron todo de golpe.

Then came the new orders that changed everything at once.

François llamó a Buck y lo abrazó con orgullo entre lágrimas.

François called Buck to him and hugged him with tearful pride.

Ese momento fue la última vez que Buck volvió a ver a François.

That moment was the last time Buck ever saw François again.

Como muchos hombres antes, tanto François como Perrault se habían ido.

Like many men before, both François and Perrault were gone.

Un mestizo escocés se hizo cargo de Buck y sus compañeros de equipo de perros de trineo.

A Scotch half-breed took charge of Buck and his sled dog teammates.

Con una docena de otros equipos de perros, regresaron por el sendero hasta Dawson.

With a dozen other dog teams, they returned along the trail to Dawson.

Ya no era una carrera rápida, solo un trabajo duro con una carga pesada cada día.

It was no fast run now—just heavy toil with a heavy load each day.

Éste era el tren correo que llevaba noticias a los buscadores de oro cerca del Polo.

This was the mail train, bringing word to gold hunters near the Pole.

A Buck no le gustaba el trabajo, pero lo soportaba bien y se enorgullecía de su esfuerzo.

Buck disliked the work but bore it well, taking pride in his effort.

Al igual que Dave y Solleks, Buck mostró devoción por cada tarea diaria.

Like Dave and Solleks, Buck showed devotion to every daily task.

Se aseguró de que cada uno de sus compañeros hiciera su parte.

He made sure his teammates each pulled their fair weight.

La vida en el sendero se volvió aburrida, repetida con la precisión de una máquina.

Trail life became dull, repeated with the precision of a machine.

Cada día parecía igual, una mañana se fundía con la siguiente.

Each day felt the same, one morning blending into the next.

A la misma hora, los cocineros se levantaron para hacer fogatas y preparar la comida.

At the same hour, the cooks rose to build fires and prepare food.

Después del desayuno, algunos abandonaron el campamento mientras otros enjaezaron los perros.

After breakfast, some left camp while others harnessed the dogs.

Se pusieron en marcha antes de que la tenue señal del amanecer tocara el cielo.

They hit the trail before the dim warning of dawn touched the sky.

Por la noche se detenían para acampar, cada hombre con una tarea determinada.

At night, they stopped to make camp, each man with a set duty.

Algunos montaron tiendas de campaña, otros cortaron leña y recogieron ramas de pino.

Some pitched the tents, others cut firewood and gathered pine boughs.

Se llevaba agua o hielo a los cocineros para la cena.

Water or ice was carried back to the cooks for the evening meal.

Los perros fueron alimentados y esta fue la mejor parte del día para ellos.

The dogs were fed, and this was the best part of the day for them.

Después de comer pescado, los perros se relajaron y descansaron cerca del fuego.

After eating fish, the dogs relaxed and lounged near the fire.

Había otros cien perros en el convoy con los que mezclarse.

There were a hundred other dogs in the convoy to mingle with.

Muchos de esos perros eran feroces y rápidos para pelear sin previo aviso.

Many of those dogs were fierce and quick to fight without warning.

Pero después de tres victorias, Buck dominó incluso a los luchadores más feroces.

But after three wins, Buck mastered even the fiercest fighters.

Cuando Buck gruñó y mostró los dientes, se hicieron a un lado.

Now when Buck growled and showed his teeth, they stepped aside.

Quizás lo mejor de todo es que a Buck le encantaba tumbarse cerca de la fogata parpadeante.

Perhaps best of all, Buck loved lying near the flickering campfire.

Se agachó con las patas traseras dobladas y las patas delanteras estiradas hacia adelante.

He crouched with hind legs tucked and front legs stretched ahead.

Levantó la cabeza mientras parpadeaba suavemente ante las llamas brillantes.

His head was raised as he blinked softly at the glowing flames.

A veces recordaba la gran casa del juez Miller en Santa Clara.

Sometimes he recalled Judge Miller's big house in Santa Clara.

Pensó en la piscina de cemento, en Ysabel y en el pug llamado Toots.

He thought of the cement pool, of Ysabel, and the pug called Toots.

Pero más a menudo recordaba el garrote del hombre del suéter rojo.

But more often he remembered the man with the red sweater's club.

Recordó la muerte de Curly y su feroz batalla con Spitz.

He remembered Curly's death and his fierce battle with Spitz.

También recordó la buena comida que había comido o con la que aún soñaba.

He also recalled the good food he had eaten or still dreamed of.

Buck no sentía nostalgia: el cálido valle era distante e irreal.

Buck was not homesick—the warm valley was distant and unreal.

Los recuerdos de California ya no ejercían ninguna atracción sobre él.

Memories of California no longer held any real pull over him.

Más fuertes que la memoria eran los instintos profundos en su linaje.

Stronger than memory were instincts deep in his bloodline.

Los hábitos que una vez se habían perdido habían regresado, revividos por el camino y la naturaleza.

Habits once lost had returned, revived by the trail and the wild.

Mientras Buck observaba la luz del fuego, a veces se convertía en otra cosa.

As Buck watched the firelight, it sometimes became something else.

Vio a la luz del fuego otro fuego, más antiguo y más profundo que el actual.

He saw in the firelight another fire, older and deeper than the present one.

Junto a ese otro fuego se agazapaba un hombre que no se parecía en nada al cocinero mestizo.

Beside that other fire crouched a man unlike the half-breed cook.

Esta figura tenía piernas cortas, brazos largos y músculos duros y anudados.

This figure had short legs, long arms, and hard, knotted muscles.

Su cabello era largo y enmarañado, y caía hacia atrás desde los ojos.

His hair was long and matted, sloping backward from the eyes.

Hizo ruidos extraños y miró con miedo hacia la oscuridad.

He made strange sounds and stared out in fear at the darkness.

Sostenía agachado un garrote de piedra, firmemente agarrado con su mano larga y áspera.

He held a stone club low, gripped tightly in his long rough hand.

El hombre vestía poco: sólo una piel carbonizada que le colgaba por la espalda.

The man wore little; just a charred skin that hung down his back.

Su cuerpo estaba cubierto de espeso vello en los brazos, el pecho y los muslos.

His body was covered with thick hair across arms, chest, and thighs.

Algunas partes del cabello estaban enredadas en parches de pelaje áspero.

Some parts of the hair were tangled into patches of rough fur.

No se mantenía erguido, sino inclinado hacia delante desde las caderas hasta las rodillas.

He did not stand straight but bent forward from the hips to knees.

Sus pasos eran elásticos y felinos, como si estuviera siempre dispuesto a saltar.

His steps were springy and catlike, as if always ready to leap.

Había un estado de alerta agudo, como si viviera con miedo constante.

There was a sharp alertness, like he lived in constant fear.

Este hombre anciano parecía esperar el peligro, ya sea que lo viera o no.

This ancient man seemed to expect danger, whether the danger was seen or not.

A veces, el hombre peludo dormía junto al fuego, con la cabeza metida entre las piernas.

At times the hairy man slept by the fire, head tucked between legs.

Sus codos descansaban sobre sus rodillas, sus manos entrelazadas sobre su cabeza.

His elbows rested on his knees, hands clasped above his head.

Como un perro, usó sus brazos peludos para protegerse de la lluvia que caía.

Like a dog he used his hairy arms to shed off the falling rain.

Más allá de la luz del fuego, Buck vio dos brasas brillando en la oscuridad.

Beyond the firelight, Buck saw twin coals glowing in the dark.

Siempre de dos en dos, eran los ojos de las bestias rapaces al acecho.

Always two by two, they were the eyes of stalking beasts of prey.

Escuchó cuerpos chocando contra la maleza y ruidos en la noche.

He heard bodies crash through brush and sounds made in the night.

Acostado en la orilla del Yukón, parpadeando, Buck soñaba junto al fuego.

Lying on the Yukon bank, blinking, Buck dreamed by the fire.

Las vistas y los sonidos de ese mundo salvaje le ponían los pelos de punta.

The sights and sounds of that wild world made his hair stand up.

El pelaje se le subió por la espalda, los hombros y el cuello.

The fur rose along his back, his shoulders, and up his neck.

Él gimió suavemente o emitió un gruñido bajo y profundo en su pecho.

He whimpered softly or gave a low growl deep in his chest.

Entonces el cocinero mestizo gritó: "¡Oye, Buck, despierta!"

Then the half-breed cook shouted, "Hey, you Buck, wake up!"

El mundo de los sueños desapareció y la vida real regresó a los ojos de Buck.

The dream world vanished, and real life returned to Buck's eyes.

Iba a levantarse, estirarse y bostezar, como si acabara de despertar de una siesta.

He was going to get up, stretch, and yawn, as if woken from a nap.

El viaje fue duro, con el trineo del correo arrastrándose detrás de ellos.

The trip was hard, with the mail sled dragging behind them.

Las cargas pesadas y el trabajo duro agotaban a los perros cada largo día.

Heavy loads and tough work wore down the dogs each long day.

Llegaron a Dawson delgados, cansados y necesitando más de una semana de descanso.

They reached Dawson thin, tired, and needing over a week's rest.

Pero sólo dos días después, emprendieron nuevamente el descenso por el Yukón.

But only two days later, they set out down the Yukon again.

Estaban cargados con más cartas destinadas al mundo exterior.

They were loaded with more letters bound for the outside world.

Los perros estaban exhaustos y los hombres se quejaban constantemente.

The dogs were exhausted and the men were complaining constantly.

La nieve caía todos los días, suavizando el camino y ralentizando los trineos.

Snow fell every day, softening the trail and slowing the sleds.

Esto provocó que el tirón fuera más difícil y hubo más resistencia para los corredores.

This made for harder pulling and more drag on the runners.

A pesar de eso, los pilotos fueron justos y se preocuparon por sus equipos.

Despite that, the drivers were fair and cared for their teams.

Cada noche, los perros eran alimentados antes de que los hombres pudieran comer.

Each night, the dogs were fed before the men got to eat.

Ningún hombre duerme sin antes revisar las patas de su propio perro.

No man slept before checking the feet of his own dog's.

Aún así, los perros se fueron debilitando a medida que los kilómetros iban desgastando sus cuerpos.

Still, the dogs grew weaker as the miles wore on their bodies.

Habían viajado mil ochocientas millas durante el invierno.

They had traveled eighteen hundred miles through the winter.

Tiraron de trineos a lo largo de cada milla de esa brutal distancia.

They pulled sleds across every mile of that brutal distance.

Incluso los perros de trineo más resistentes sienten tensión después de tantos kilómetros.

Even the toughest sled dogs feel strain after so many miles.

Buck aguantó, mantuvo a su equipo trabajando y mantuvo la disciplina.

Buck held on, kept his team working, and maintained discipline.

Pero Buck estaba cansado, al igual que los demás en el largo viaje.

But Buck was tired, just like the others on the long journey.

Billee gemía y lloraba mientras dormía todas las noches sin falta.

Billee whimpered and cried in his sleep each night without fail.

Joe se volvió aún más amargado y Solleks se mantuvo frío y distante.

Joe grew even more bitter, and Solleks stayed cold and distant.

Pero fue Dave quien sufrió más de todo el equipo.

But it was Dave who suffered the worst out of the entire team.

Algo había ido mal dentro de él, aunque nadie sabía qué.

Something had gone wrong inside him, though no one knew what.

Se volvió más malhumorado y les gritaba a los demás con creciente enojo.

He became moodier and snapped at others with growing anger.

Cada noche iba directo a su nido, esperando ser alimentado.

Each night he went straight to his nest, waiting to be fed.

Una vez que cayó, Dave no se levantó hasta la mañana.

Once he was down, Dave did not get up again till morning.

En las riendas, tirones o arranques repentinos le hacían gritar de dolor.

On the reins, sudden jerks or starts made him cry out in pain.

Su conductor buscó la causa, pero no encontró heridos.

His driver searched for the cause, but found no injury on him.

Todos los conductores comenzaron a observar a Dave y discutieron su caso.

All the drivers began watching Dave and discussed his case.

Hablaron durante las comidas y durante el último cigarrillo del día.

They talked at meals and during their final smoke of the day.

Una noche tuvieron una reunión y llevaron a Dave al fuego.

One night they held a meeting and brought Dave to the fire.

Le apretaron y le palparon el cuerpo, y él gritaba a menudo.

They pressed and probed his body, and he cried out often.

Estaba claro que algo iba mal, aunque no parecía haber ningún hueso roto.

Clearly, something was wrong, though no bones seemed broken.

Cuando llegaron a Cassiar Bar, Dave se estaba cayendo.

By the time they reached Cassiar Bar, Dave was falling down.

El mestizo escocés pidió un alto y eliminó a Dave del equipo.

The Scotch half-breed called a halt and removed Dave from the team.

Sujetó a Solleks en el lugar de Dave, más cerca del frente del trineo.

He fastened Solleks in Dave's place, closest to the sled's front.

Su intención era dejar que Dave descansara y corriera libremente detrás del trineo en movimiento.

He meant to let Dave rest and run free behind the moving sled.

Pero incluso estando enfermo, Dave odiaba que lo sacaran del trabajo que había tenido.

But even sick, Dave hated being taken from the job he had owned.

Gruñó y gimió cuando le quitaron las riendas del cuerpo.

He growled and whimpered as the reins were pulled from his body.

Cuando vio a Solleks en su lugar, lloró con el corazón roto.

When he saw Solleks in his place, he cried with broken-hearted pain.

El orgullo por el trabajo en los senderos estaba profundamente arraigado en Dave, incluso cuando se acercaba la muerte.

The pride of trail work was deep in Dave, even as death approached.

Mientras el trineo se movía, Dave se tambaleaba sobre la nieve blanda cerca del sendero.

As the sled moved, Dave floundered through soft snow near the trail.

Atacó a Solleks, mordiéndolo y empujándolo desde el costado del trineo.

He attacked Solleks, biting and pushing him from the sled's side.

Dave intentó saltar al arnés y recuperar su lugar de trabajo.

Dave tried to leap into the harness and reclaim his working spot.

Gritó, se quejó y lloró, dividido entre el dolor y el orgullo por el trabajo.

He yelped, whined, and cried, torn between pain and pride in labor.

El mestizo usó su látigo para intentar alejar a Dave del equipo.

The half-breed used his whip to try driving Dave away from the team.

Pero Dave ignoró el látigo y el hombre no pudo golpearlo más fuerte.

But Dave ignored the lash, and the man couldn't strike him harder.

Dave rechazó el camino más fácil detrás del trineo, donde la nieve estaba acumulada.

Dave refused the easier path behind the sled, where snow was packed.

En cambio, luchaba en la nieve profunda junto al sendero, en la miseria.

Instead, he struggled in the deep snow beside the trail, in misery.

Finalmente, Dave se desplomó, quedó tendido en la nieve y aullando de dolor.

Eventually, Dave collapsed, lying in the snow and howling in pain.

Gritó cuando el largo tren de trineos pasó a su lado uno por uno.

He cried out as the long train of sleds passed him one by one.

Aún con las fuerzas que le quedaban, se levantó y tropezó tras ellos.

Still, with what strength remained, he rose and stumbled after them.

Lo alcanzó cuando el tren se detuvo nuevamente y encontró su viejo trineo.

He caught up when the train stopped again and found his old sled.

Pasó junto a los otros equipos y se quedó de nuevo al lado de Solleks.

He floundered past the other teams and stood beside Solleks again.

Cuando el conductor se detuvo para encender su pipa, Dave aprovechó su última oportunidad.

As the driver paused to light his pipe, Dave took his last chance.

Cuando el conductor regresó y gritó, el equipo no avanzó.

When the driver returned and shouted, the team didn't move forward.

Los perros habían girado la cabeza, confundidos por la parada repentina.

The dogs had turned their heads, confused by the sudden stoppage.

El conductor también estaba sorprendido: el trineo no se había movido ni un centímetro hacia adelante.

The driver was shocked too—the sled hadn't moved an inch forward.

Llamó a los demás para que vinieran a ver qué había sucedido.

He called out to the others to come and see what had happened.

Dave había mordido las riendas de Solleks, rompiéndolas ambas.

Dave had chewed through Solleks's reins, breaking both apart.

Ahora estaba de pie frente al trineo, nuevamente en su posición correcta.

Now he stood in front of the sled, back in his rightful position.

Dave miró al conductor y le rogó en silencio que se mantuviera en el carril.

Dave looked up at the driver, silently pleading to stay in the traces.

El conductor estaba desconcertado, sin saber qué hacer con el perro que luchaba.

The driver was puzzled, unsure of what to do for the struggling dog.

Los otros hombres hablaron de perros que habían muerto al ser sacados a la calle.

The other men spoke of dogs who had died from being taken out.

Contaron sobre perros viejos o heridos cuyo corazón se rompió al ser abandonados.

They told of old or injured dogs whose hearts broke when left behind.

Estuvieron de acuerdo en que era una misericordia dejar que Dave muriera mientras aún estaba en su arnés.

They agreed it was mercy to let Dave die while still in his harness.

Lo volvieron a sujetar al trineo y Dave tiró con orgullo.

He was fastened back onto the sled, and Dave pulled with pride.

Aunque a veces gritaba, trabajaba como si el dolor pudiera ignorarse.

Though he cried out at times, he worked as if pain could be ignored.

Más de una vez se cayó y fue arrastrado antes de levantarse de nuevo.

More than once he fell and was dragged before rising again.

Un día, el trineo pasó por encima de él y desde ese momento empezó a cojear.

Once, the sled rolled over him, and he limped from that moment on.

Aún así, trabajó hasta llegar al campamento y luego se acostó junto al fuego.

Still, he worked until camp was reached, and then lay by the fire.

Por la mañana, Dave estaba demasiado débil para viajar o incluso mantenerse en pie.

By morning, Dave was too weak to travel or even stand upright.

En el momento de preparar el arnés, intentó alcanzar a su conductor con un esfuerzo tembloroso.

At harness-up time, he tried to reach his driver with trembling effort.

Se obligó a levantarse, se tambaleó y se desplomó sobre el suelo nevado.

He forced himself up, staggered, and collapsed onto the snowy ground.

Utilizando sus patas delanteras, arrastró su cuerpo hacia el área del arnés.

Using his front legs, he dragged his body toward the harnessing area.

Avanzó poco a poco, centímetro a centímetro, hacia los perros de trabajo.

He hitched himself forward, inch by inch, toward the working dogs.

Sus fuerzas se acabaron, pero siguió avanzando en su último y desesperado esfuerzo.

His strength gave out, but he kept moving in his last desperate push.

Sus compañeros de equipo lo vieron jadeando en la nieve, todavía deseando unirse a ellos.

His teammates saw him gasping in the snow, still longing to join them.

Lo oyeron aullar de dolor mientras dejaban atrás el campamento.

They heard him howling with sorrow as they left the camp behind.

Cuando el equipo desapareció entre los árboles, el grito de Dave resonó detrás de ellos.

As the team vanished into trees, Dave's cry echoed behind them.

El tren de trineos se detuvo brevemente después de cruzar un tramo de bosque junto al río.

The sled train halted briefly after crossing a stretch of river timber.

El mestizo escocés caminó lentamente de regreso hacia el campamento que estaba detrás.

The Scotch half-breed walked slowly back toward the camp behind.

Los hombres dejaron de hablar cuando lo vieron salir del tren de trineos.

The men stopped speaking when they saw him leave the sled train.

Entonces un único disparo se oyó claro y nítido en el camino.

Then a single gunshot rang out clear and sharp across the trail.

El hombre regresó rápidamente y ocupó su lugar sin decir palabra.

The man returned quickly and took up his place without a word.

Los látigos crujieron, las campanas tintinearon y los trineos rodaron por la nieve.

Whips cracked, bells jingled, and the sleds rolled on through snow.

Pero Buck sabía lo que había sucedido... y todos los demás perros también.

But Buck knew what had happened — and so did every other dog.

El trabajo de las riendas y el sendero
The Toil of Reins and Trail

Treinta días después de salir de Dawson, el Salt Water Mail llegó a Skaguay.

Thirty days after leaving Dawson, the Salt Water Mail reached Skaguay.

Buck y sus compañeros tomaron la delantera, llegando en lamentables condiciones.

Buck and his teammates pulled the lead, arriving in pitiful condition.

Buck había bajado de ciento cuarenta a ciento quince libras.

Buck had dropped from one hundred forty to one hundred fifteen pounds.

Los otros perros, aunque más pequeños, habían perdido aún más peso corporal.

The other dogs, though smaller, had lost even more body weight.

Pike, que antes fingía cojear, ahora arrastraba tras él una pierna realmente herida.

Pike, once a fake limper, now dragged a truly injured leg behind him.

Solleks cojeaba mucho y Dub tenía un omóplato torcido.

Solleks was limping badly, and Dub had a wrenched shoulder blade.

Todos los perros del equipo tenían las patas doloridas por las semanas que pasaron en el sendero helado.

Every dog in the team was footsore from weeks on the frozen trail.

Ya no tenían resorte en sus pasos, sólo un movimiento lento y arrastrado.

They had no spring left in their steps, only slow, dragging motion.

Sus pies golpeaban el sendero con fuerza y cada paso añadía más tensión a sus cuerpos.

Their feet hit the trail hard, each step adding more strain to their bodies.

No estaban enfermos, sólo agotados más allá de toda recuperación natural.

They were not sick, only drained beyond all natural recovery.

No era el cansancio de un día duro que se curaba con una noche de descanso.

This was not tiredness from one hard day, cured with a night's rest.

Fue un agotamiento acumulado lentamente a lo largo de meses de esfuerzo agotador.

It was exhaustion built slowly through months of grueling effort.

No quedaban reservas de fuerza: habían agotado todas las que tenían.

No reserve strength remained—they had used up every bit they had.

Cada músculo, fibra y célula de sus cuerpos estaba gastado y desgastado.

Every muscle, fiber, and cell in their bodies was spent and worn.

Y había una razón: habían recorrido dos mil quinientas millas.

And there was a reason—they had covered twenty-five hundred miles.

Habían descansado sólo cinco días durante las últimas mil ochocientas millas.

They had rested only five days during the last eighteen hundred miles.

Cuando llegaron a Skaguay, parecían apenas capaces de mantenerse en pie.

When they reached Skaguay, they looked barely able to stand upright.

Se esforzaron por mantener las riendas tensas y permanecer delante del trineo.

They struggled to keep the reins tight and stay ahead of the sled.

En las bajadas sólo lograron evitar ser atropellados.

On downhill slopes, they only managed to avoid being run over.

"Sigan adelante, pobres pies doloridos", dijo el conductor mientras cojeaban.

"March on, poor sore feet," the driver said as they limped along.

"Este es el último tramo, luego todos tendremos un largo descanso, seguro".

"This is the last stretch, then we all get one long rest, for sure."

"Un descanso verdaderamente largo", prometió mientras los observaba tambalearse hacia adelante.

"One truly long rest," he promised, watching them stagger forward.

Los conductores esperaban que ahora tuvieran un descanso largo y necesario.

The drivers expected they were going to now get a long, needed break.

Habían recorrido mil doscientas millas con sólo dos días de descanso.

They had traveled twelve hundred miles with only two days' rest.

Por justicia y razón, sintieron que se habían ganado tiempo para relajarse.

By fairness and reason, they felt they had earned time to relax.

Pero eran demasiados los que habían llegado al Klondike y muy pocos los que se habían quedado en casa.

But too many had come to the Klondike, and too few had stayed home.

Las cartas de las familias llegaron en masa, creando montañas de correo retrasado.

Letters from families flooded in, creating piles of delayed mail.

Llegaron órdenes oficiales: nuevos perros de la Bahía de Hudson tomarían el control.

Official orders arrived—new Hudson Bay dogs were going to take over.

Los perros exhaustos, ahora llamados inútiles, debían ser eliminados.

The exhausted dogs, now called worthless, were to be disposed of.

Como el dinero importaba más que los perros, los iban a vender a bajo precio.

Since money mattered more than dogs, they were going to be sold cheaply.

Pasaron tres días más antes de que los perros sintieran lo débiles que estaban.

Three more days passed before the dogs felt just how weak they were.

En la cuarta mañana, dos hombres de Estados Unidos compraron todo el equipo.

On the fourth morning, two men from the States bought the whole team.

La venta incluía todos los perros, además de sus arneses usados.

The sale included all the dogs, plus their worn harness gear.

Los hombres se llamaban entre sí "Hal" y "Charles" mientras completaban el trato.

The men called each other "Hal" and "Charles" as they completed the deal.

Charles era un hombre de mediana edad, pálido, con labios flácidos y puntas de bigote feroces.

Charles was middle-aged, pale, with limp lips and fierce mustache tips.

Hal era un hombre joven, de unos diecinueve años, que llevaba un cinturón lleno de cartuchos.

Hal was a young man, maybe nineteen, wearing a cartridge-stuffed belt.

El cinturón contenía un gran revólver y un cuchillo de caza, ambos sin usar.

The belt held a big revolver and a hunting knife, both unused.

Esto demostró lo inexperto e inadecuado que era para la vida en el norte.

It showed how inexperienced and unfit he was for northern life.

Ninguno de los dos pertenecía a la naturaleza; su presencia desafiaba toda razón.

Neither man belonged in the wild; their presence defied all reason.

Buck observó cómo el dinero intercambiaba manos entre el comprador y el agente.

Buck watched as money exchanged hands between buyer and agent.

Sabía que los conductores de trenes correos abandonaban su vida como el resto.

He knew the mail-train drivers were leaving his life like the rest.

Siguieron a Perrault y a François, ahora desaparecidos sin posibilidad de recuperación.

They followed Perrault and François, now gone beyond recall.

Buck y el equipo fueron conducidos al descuidado campamento de sus nuevos dueños.

Buck and the team were led to their new owners' sloppy camp.

La tienda se hundía, los platos estaban sucios y todo estaba desordenado.

The tent sagged, dishes were dirty, and everything lay in disarray.

Buck también notó que había una mujer allí: Mercedes, la esposa de Charles y hermana de Hal.

Buck noticed a woman there too—Mercedes, Charles's wife and Hal's sister.

Formaban una familia completa, aunque no eran aptos para el recorrido.

They made a complete family, though far from suited to the trail.

Buck observó nervioso cómo el trío comenzó a empacar los suministros.

Buck watched nervously as the trio started packing the supplies.

Trabajaron duro, pero sin orden: sólo alboroto y esfuerzos desperdiciados.

They worked hard but without order—just fuss and wasted effort.

La tienda estaba enrollada hasta formar un volumen demasiado grande para el trineo.

The tent was rolled into a bulky shape, far too large for the sled.

Los platos sucios se empaquetaron sin limpiarlos ni secarlos.

Dirty dishes were packed without being cleaned or dried at all.

Mercedes revoloteaba por todos lados, hablando, corrigiendo y entrometiéndose constantemente.

Mercedes fluttered about, constantly talking, correcting, and meddling.

Cuando le ponían un saco en el frente, ella insistía en que lo pusieran en la parte de atrás.

When a sack was placed on front, she insisted it go on the back.

Metió la bolsa en el fondo y al siguiente momento la necesitó.

She packed the sack in the bottom, and the next moment she needed it.

De esta manera, el trineo fue desempaquetado nuevamente para alcanzar la bolsa específica.

So the sled was unpacked again to reach the one specific bag.

Cerca de allí, tres hombres estaban parados afuera de una tienda de campaña, observando cómo se desarrollaba la escena.

Nearby, three men stood outside a tent, watching the scene unfold.

Sonrieron, guiñaron el ojo y sonrieron ante la evidente confusión de los recién llegados.

They smiled, winked, and grinned at the newcomers' obvious confusion.

"Ya tienes una carga bastante pesada", dijo uno de los hombres.

"You've got a right heavy load already," said one of the men.

"No creo que debas llevar esa tienda de campaña, pero es tu elección".

"I don't think you should carry that tent, but it's your choice."

"¡Inimaginable!", exclamó Mercedes levantando las manos con desesperación.

"Undreamed of!" cried Mercedes, throwing up her hands in despair.

"¿Cómo podría viajar sin una tienda de campaña donde refugiarme?"

"How could I possibly travel without a tent to stay under?"

"Es primavera, ya no volverás a ver el frío", respondió el hombre.

"It's springtime—you won't see cold weather again," the man replied.

Pero ella meneó la cabeza y ellos siguieron apilando objetos en el trineo.

But she shook her head, and they kept piling items onto the sled.

La carga se elevó peligrosamente a medida que añadían los últimos elementos.

The load towered dangerously high as they added the final things.

"¿Crees que el trineo se deslizará?" preguntó uno de los hombres con mirada escéptica.

"Think the sled will ride?" asked one of the men with a skeptical look.

"¿Por qué no debería?", replicó Charles con gran fastidio.

"Why shouldn't it?" Charles snapped back with sharp annoyance.

—Está bien —dijo rápidamente el hombre, alejándose un poco de la ofensa.

"Oh, that's all right," the man said quickly, backing away from offense.

"Solo me preguntaba, me pareció que tenía la parte superior demasiado pesada".

"I was only wondering—it just looked a bit too top-heavy to me."

Charles se dio la vuelta y ató la carga lo mejor que pudo.

Charles turned away and tied down the load as best as he could.

Pero las ataduras estaban sueltas y el embalaje en general estaba mal hecho.

But the lashings were loose and the packing poorly done overall.

"Claro, los perros tirarán de eso todo el día", dijo otro hombre con sarcasmo.

"Sure, the dogs will pull that all day," another man said sarcastically.

—Por supuesto —respondió Hal con frialdad, agarrando el largo palo del trineo.

"Of course," Hal replied coldly, grabbing the sled's long gee-pole.

Con una mano en el poste, blandía el látigo con la otra.

With one hand on the pole, he swung the whip in the other.

"¡Vamos!", gritó. "¡Muévanse!", instando a los perros a empezar.

"Let's go!" he shouted. "Move it!" urging the dogs to start.

Los perros se inclinaron hacia el arnés y se tensaron durante unos instantes.

The dogs leaned into the harness and strained for a few moments.

Entonces se detuvieron, incapaces de mover ni un centímetro el trineo sobrecargado.

Then they stopped, unable to budge the overloaded sled an inch.

—¡Esos brutos perezosos! —gritó Hal, levantando el látigo para golpearlos.

"The lazy brutes!" Hal yelled, lifting the whip to strike them.

Pero Mercedes entró corriendo y le arrebató el látigo de las manos a Hal.

But Mercedes rushed in and seized the whip from Hal's hands.

—Oh, Hal, no te atrevas a hacerles daño —gritó alarmada.

"Oh, Hal, don't you dare hurt them," she cried in alarm.

"Prométeme que serás amable con ellos o no daré un paso más".

"Promise me you'll be kind to them, or I won't go another step."

—No sabes nada de perros —le espetó Hal a su hermana.

"You don't know a thing about dogs," Hal snapped at his sister.

"Son perezosos y la única forma de moverlos es azotándolos".

"They're lazy, and the only way to move them is to whip them."

"Pregúntale a cualquiera, pregúntale a uno de esos hombres de allí si dudas de mí".

"Ask anyone—ask one of those men over there if you doubt me."

Mercedes miró a los espectadores con ojos suplicantes y llorosos.

Mercedes looked at the onlookers with pleading, tearful eyes.

Su rostro mostraba lo profundamente que odiaba ver cualquier dolor.

Her face showed how deeply she hated the sight of any pain.

"Están débiles, eso es todo", dijo un hombre. "Están agotados".

"They're weak, that's all," one man said. "They're worn out."

"Necesitan descansar, han trabajado demasiado tiempo sin descansar".

"They need rest—they've been worked too long without a break."

—Maldito sea el resto —murmuró Hal con el labio curvado.

"Rest be cursed," Hal muttered with his lip curled.

Mercedes jadeó, visiblemente dolida por la grosera palabra que pronunció.

Mercedes gasped, clearly pained by the coarse word from him.

Aún así, ella se mantuvo leal y defendió instantáneamente a su hermano.

Still, she stayed loyal and instantly defended her brother.

—No le hagas caso a ese hombre —le dijo a Hal—. Son nuestros perros.

"Don't mind that man," she said to Hal. "They're our dogs."

"Los conduces como mejor te parezca, haz lo que creas correcto".

"You drive them as you see fit—do what you think is right."

Hal levantó el látigo y volvió a golpear a los perros sin piedad.

Hal raised the whip and struck the dogs again without mercy.

Se lanzaron hacia adelante, con el cuerpo agachado y los pies hundidos en la nieve.

They lunged forward, bodies low, feet pushing into the snow.

Ponían toda su fuerza en tirar, pero el trineo no se movía.

All their strength went into the pull, but the sled wasn't moving.

El trineo quedó atascado, como un ancla congelada en la nieve compacta.

The sled stayed stuck, like an anchor frozen into the packed snow.

Tras un segundo esfuerzo, los perros se detuvieron de nuevo, jadeando con fuerza.

After a second effort, the dogs stopped again, panting hard.

Hal levantó el látigo una vez más, justo cuando Mercedes interfirió nuevamente.

Hal raised the whip once more, just as Mercedes interfered again.

Ella cayó de rodillas frente a Buck y abrazó su cuello.

She dropped to her knees in front of Buck and hugged his neck.

Las lágrimas llenaron sus ojos mientras le suplicaba al perro exhausto.

Tears filled her eyes as she pleaded with the exhausted dog.

"Pobres queridos", dijo, "¿por qué no tiran más fuerte?"

"You poor dears," she said, "why don't you just pull harder?"

"Si tiras, no te azotarán así".

"If you pull, then you won't get to be whipped like this."

A Buck no le gustaba Mercedes, pero estaba demasiado cansado para resistirse a ella ahora.

Buck disliked Mercedes, but he was too tired to resist her now.

Él aceptó sus lágrimas como una parte más de ese día miserable.

He accepted her tears as just another part of the miserable day.

Uno de los hombres que observaban finalmente habló después de contener su ira.

One of the watching men finally spoke after holding back his anger.

"No me importa lo que les pase a ustedes, pero esos perros importan".

"I don't care what happens to you folks, but those dogs matter."

"Si quieres ayudar, suelta ese trineo: está congelado hasta la nieve".

"If you want to help, break that sled loose—it's frozen to the snow."

"Presiona con fuerza el polo G, derecha e izquierda, y rompe el sello de hielo".

"Push hard on the gee-pole, right and left, and break the ice seal."

Se hizo un tercer intento, esta vez siguiendo la sugerencia del hombre.

A third attempt was made, this time following the man's suggestion.

Hal balanceó el trineo de un lado a otro, soltando los patines.

Hal rocked the sled from side to side, breaking the runners loose.

El trineo, aunque sobrecargado y torpe, finalmente avanzó con dificultad.

The sled, though overloaded and awkward, finally lurched forward.

Buck y los demás tiraron salvajemente, impulsados por una tormenta de latigazos.

Buck and the others pulled wildly, driven by a storm of whiplashes.

Cien metros más adelante, el sendero se curvaba y descendía hacia la calle.

A hundred yards ahead, the trail curved and sloped into the street.

Se hubiera necesitado un conductor habilidoso para mantener el trineo en posición vertical.

It was going to have taken a skilled driver to keep the sled upright.

Hal no era hábil y el trineo se volcó al girar en la curva.

Hal was not skilled, and the sled tipped as it swung around the bend.

Las ataduras sueltas cedieron y la mitad de la carga se derramó sobre la nieve.

Loose lashings gave way, and half the load spilled onto the snow.

Los perros no se detuvieron; el trineo, más ligero, siguió volando de lado.

The dogs did not stop; the lighter sled flew along on its side.

Enojados por el abuso y la pesada carga, los perros corrieron más rápido.

Angry from abuse and the heavy burden, the dogs ran faster.

Buck, furioso, echó a correr, con el equipo siguiéndolo detrás.

Buck, in fury, broke into a run, with the team following behind.

Hal gritó "¡Guau! ¡Guau!", pero el equipo no le hizo caso.

Hal shouted "Whoa! Whoa!" but the team paid no attention to him.

Tropezó, cayó y fue arrastrado por el suelo por el arnés.

He tripped, fell, and was dragged along the ground by the harness.

El trineo volcado saltó sobre él mientras los perros corrían delante.

The overturned sled bumped over him as the dogs raced on ahead.

El resto de los suministros se dispersaron por la concurrida calle de Skaguay.

The rest of the supplies scattered across Skaguay's busy street.

La gente bondadosa se apresuró a detener a los perros y recoger el equipo.

Kind-hearted people rushed to stop the dogs and gather the gear.

También dieron consejos, contundentes y prácticos, a los nuevos viajeros.

They also gave advice, blunt and practical, to the new travelers.

"Si quieres llegar a Dawson, lleva la mitad de la carga y el doble de perros".

"If you want to reach Dawson, take half the load and double the dogs."

Hal, Charles y Mercedes escucharon, aunque no con entusiasmo.

Hal, Charles, and Mercedes listened, though not with enthusiasm.

Instalaron su tienda de campaña y comenzaron a clasificar sus suministros.

They pitched their tent and started sorting through their supplies.

Salieron alimentos enlatados, lo que hizo reír a carcajadas a los espectadores.

Out came canned goods, which made onlookers laugh aloud.

"¿Enlatado en el camino? Te morirás de hambre antes de que se derrita", dijo uno.

"Canned stuff on the trail? You'll starve before that melts," one said.

¿Mantas de hotel? Mejor tíralas todas.

"Hotel blankets? You're better off throwing them all out."

"Si también deshazte de la tienda de campaña, aquí nadie lava los platos".

"Ditch the tent, too, and no one washes dishes here."

¿Crees que estás viajando en un tren Pullman con sirvientes a bordo?

"You think you're riding a Pullman train with servants on board?"

El proceso comenzó: todos los objetos inútiles fueron arrojados a un lado.

The process began—every useless item was tossed to the side.

Mercedes lloró cuando sus maletas fueron vaciadas en el suelo nevado.

Mercedes cried when her bags were emptied onto the snowy ground.

Ella sollozaba por cada objeto que tiraba, uno por uno, sin pausa.

She sobbed over every item thrown out, one by one without pause.

Ella juró no dar un paso más, ni siquiera por diez Charleses.

She vowed not to go one more step—not even for ten Charleses.

Ella le rogó a cada persona cercana que le permitiera conservar sus cosas preciosas.

She begged each person nearby to let her keep her precious things.

Por último, se secó los ojos y comenzó a arrojar incluso la ropa más importante.

At last, she wiped her eyes and began tossing even vital clothes.

Cuando terminó con los suyos, comenzó a vaciar los suministros de los hombres.

When done with her own, she began emptying the men's supplies.

Como un torbellino, destrozó las pertenencias de Charles y Hal.

Like a whirlwind, she tore through Charles and Hal's belongings.

Aunque la carga se redujo a la mitad, todavía era mucho más pesada de lo necesario.

Though the load was halved, it was still far heavier than needed.

Esa noche, Charles y Hal salieron y compraron seis perros nuevos.

That night, Charles and Hal went out and bought six new dogs.

Estos nuevos perros se unieron a los seis originales, además de Teek y Koona.

These new dogs joined the original six, plus Teek and Koona.

Juntos formaron un equipo de catorce perros enganchados al trineo.

Together they made a team of fourteen dogs hitched to the sled.

Pero los nuevos perros no eran aptos y estaban mal entrenados para el trabajo con trineos.

But the new dogs were unfit and poorly trained for sled work.

Tres de los perros eran pointers de pelo corto y uno era un Terranova.

Three of the dogs were short-haired pointers, and one was a Newfoundland.

Los dos últimos perros eran mestizos, sin ninguna raza ni propósito claros.

The final two dogs were mutts of no clear breed or purpose at all.

No entendieron el camino y no lo aprendieron rápidamente.

They didn't understand the trail, and they didn't learn it quickly.

Buck y sus compañeros los miraron con desprecio y profunda irritación.

Buck and his mates watched them with scorn and deep irritation.

Aunque Buck les enseñó lo que no debían hacer, no podía enseñarles cuál era el deber.

Though Buck taught them what not to do, he could not teach duty.

No se adaptaron bien a la vida en senderos ni al tirón de las riendas y los trineos.

They didn't take well to trail life or the pull of reins and sleds.

Sólo los mestizos intentaron adaptarse, e incluso a ellos les faltó espíritu de lucha.

Only the mongrels tried to adapt, and even they lacked fighting spirit.

Los demás perros estaban confundidos, debilitados y destrozados por su nueva vida.

The other dogs were confused, weakened, and broken by their new life.

Con los nuevos perros desorientados y los viejos exhaustos, la esperanza era escasa.

With the new dogs clueless and the old ones exhausted, hope was thin.

El equipo de Buck había recorrido dos mil quinientas millas de senderos difíciles.

Buck's team had covered twenty-five hundred miles of harsh trail.

Aún así, los dos hombres estaban alegres y orgullosos de su gran equipo de perros.

Still, the two men were cheerful and proud of their large dog team.

Creían que viajaban con estilo, con catorce perros enganchados.

They thought they were traveling in style, with fourteen dogs hitched.

Habían visto trineos partir hacia Dawson y otros llegar desde allí.

They had seen sleds leave for Dawson, and others arrive from it.

Pero nunca habían visto uno tirado por tantos catorce perros.

But never had they seen one pulled by as many as fourteen dogs.

Había una razón por la que equipos como ese eran raros en el desierto del Ártico.

There was a reason such teams were rare in the Arctic wilderness.

Ningún trineo podría transportar suficiente comida para alimentar a catorce perros durante el viaje.

No sled could carry enough food to feed fourteen dogs for the trip.

Pero Charles y Hal no lo sabían: habían hecho los cálculos.
But Charles and Hal didn't know that—they had done the math.

Planificaron la comida: tanta cantidad por perro, tantos días, y listo.
They penciled out the food: so much per dog, so many days, done.

Mercedes miró sus figuras y asintió como si tuviera sentido.
Mercedes looked at their figures and nodded as if it made sense.

Todo le parecía muy sencillo, al menos en el papel.
It all seemed very simple to her, at least on paper.

A la mañana siguiente, Buck guió al equipo lentamente por la calle nevada.
The next morning, Buck led the team slowly up the snowy street.

No había energía ni espíritu en él ni en los perros detrás de él.
There was no energy or spirit in him or the dogs behind him.

Estaban muertos de cansancio desde el principio: no les quedaban reservas.
They were dead tired from the start—there was no reserve left.

Buck ya había hecho cuatro viajes entre Salt Water y Dawson.
Buck had made four trips between Salt Water and Dawson already.

Ahora, enfrentado nuevamente el mismo desafío, no sentía nada más que amargura.
Now, faced with the same trail again, he felt nothing but bitterness.

Su corazón no estaba en ello, ni tampoco el corazón de los otros perros.
His heart was not in it, nor were the hearts of the other dogs.

Los nuevos perros eran tímidos y los huskies carecían de confianza.

The new dogs were timid, and the huskies lacked all trust.

Buck sintió que no podía confiar en estos dos hombres ni en su hermana.

Buck sensed he could not rely on these two men or their sister.

No sabían nada y no mostraron señales de aprender en el camino.

They knew nothing and showed no signs of learning on the trail.

Estaban desorganizados y carecían de cualquier sentido de disciplina.

They were disorganized and lacked any sense of discipline.

Les tomó media noche montar un campamento descuidado cada vez.

It took them half the night to set up a sloppy camp each time.

Y la mitad de la mañana siguiente la pasaron otra vez jugueteando con el trineo.

And half the next morning they spent fumbling with the sled again.

Al mediodía, a menudo se detenían simplemente para arreglar la carga desigual.

By noon, they often stopped just to fix the uneven load.

Algunos días, viajaron menos de diez millas en total.

On some days, they traveled less than ten miles in total.

Otros días ni siquiera conseguían salir del campamento.

Other days, they didn't manage to leave camp at all.

Nunca llegaron a cubrir la distancia alimentaria planificada.

They never came close to covering the planned food-distance.

Como era de esperar, muy rápidamente se quedaron sin comida para los perros.

As expected, they ran short on food for the dogs very quickly.

Empeoró las cosas sobrealimentándolos en los primeros días.

They made matters worse by overfeeding in the early days.

Esto acercaba la hambruna con cada ración descuidada.

This brought starvation closer with every careless ration.

Los nuevos perros no habían aprendido a sobrevivir con muy poco.

The new dogs had not learned to survive on very little.

Comieron con hambre, con apetitos demasiado grandes para el camino.

They ate hungrily, with appetites too large for the trail.

Al ver que los perros se debilitaban, Hal creyó que la comida no era suficiente.

Seeing the dogs weaken, Hal believed the food wasn't enough.

Duplicó las raciones, empeorando aún más el error.

He doubled the rations, making the mistake even worse.

Mercedes añadió más problemas con lágrimas y suaves súplicas.

Mercedes added to the problem with tears and soft pleading.

Cuando no pudo convencer a Hal, alimentó a los perros en secreto.

When she couldn't convince Hal, she fed the dogs in secret.

Ella robó de los sacos de pescado y se lo dio a sus espaldas.

She stole from the fish sacks and gave it to them behind his back.

Pero lo que los perros realmente necesitaban no era más comida: era descanso.

But what the dogs truly needed wasn't more food—it was rest.

Iban a poca velocidad, pero el pesado trineo aún seguía avanzando.

They were making poor time, but the heavy sled still dragged on.

Ese peso solo les quitaba las fuerzas que les quedaban cada día.

That weight alone drained their remaining strength each day.

Luego vino la etapa de desalimentación ya que los suministros escasearon.

Then came the stage of underfeeding as the supplies ran low.

Una mañana, Hal se dio cuenta de que la mitad de la comida para perros ya había desaparecido.

Hal realized one morning that half the dog food was already gone.

Sólo habían recorrido una cuarta parte de la distancia total del recorrido.

They had only traveled a quarter of the total trail distance.

No se podía comprar más comida por ningún precio que se ofreciera.

No more food could be bought, no matter what price was offered.

Redujo las raciones de los perros por debajo de la ración diaria estándar.

He reduced the dogs' portions below the standard daily ration.

Al mismo tiempo, exigió viajes más largos para compensar las pérdidas.

At the same time, he demanded longer travel to make up for loss.

Mercedes y Carlos apoyaron este plan, pero fracasaron en su ejecución.

Mercedes and Charles supported this plan, but failed in execution.

Su pesado trineo y su falta de habilidad hicieron que el avance fuera casi imposible.

Their heavy sled and lack of skill made progress nearly impossible.

Era fácil dar menos comida, pero imposible forzar más esfuerzo.

It was easy to give less food, but impossible to force more effort.

No podían salir temprano ni tampoco viajar horas extras.

They couldn't start early, nor could they travel for extra hours.

No sabían cómo trabajar con los perros, ni tampoco ellos mismos.

They didn't know how to work the dogs, nor themselves, for that matter.

El primer perro que murió fue Dub, el desafortunado pero trabajador ladrón.

The first dog to die was Dub, the unlucky but hardworking thief.

Aunque a menudo lo castigaban, Dub había hecho su parte sin quejarse.

Though often punished, Dub had pulled his weight without complaint.

Su hombro lesionado empeoró sin cuidados ni necesidad de descanso.

His injured shoulder grew worse without care or needed rest.

Finalmente, Hal usó el revólver para acabar con el sufrimiento de Dub.

Finally, Hal used the revolver to end Dub's suffering.

Un dicho común afirma que los perros normales mueren con raciones para perros esquimales.

A common saying claimed that normal dogs die on husky rations.

Los seis nuevos compañeros de Buck tenían sólo la mitad de la porción de comida del husky.

Buck's six new companions had only half the husky's share of food.

Primero murió el Terranova y después los tres bracos de pelo corto.

The Newfoundland died first, then the three short-haired pointers.

Los dos mestizos resistieron más tiempo pero finalmente perecieron como el resto.

The two mongrels held on longer but finally perished like the rest.

Para entonces, todas las comodidades y la dulzura de Southland habían desaparecido.

By this time, all the amenities and gentleness of the Southland were gone.

Las tres personas habían perdido los últimos vestigios de su educación civilizada.

The three people had shed the last traces of their civilized upbringing.

Despojado de glamour y romance, el viaje al Ártico se volvió brutalmente real.

Stripped of glamour and romance, Arctic travel became brutally real.

Era una realidad demasiado dura para su sentido de masculinidad y feminidad.

It was a reality too harsh for their sense of manhood and womanhood.

Mercedes ya no lloraba por los perros, ahora lloraba sólo por ella misma.

Mercedes no longer wept for the dogs, but now wept only for herself.

Pasó su tiempo llorando y peleando con Hal y Charles.

She spent her time crying and quarreling with Hal and Charles.

Pelear era lo único que nunca estaban demasiado cansados para hacer.

Quarreling was the one thing they were never too tired to do.

Su irritabilidad surgió de la miseria, creció con ella y la superó.

Their irritability came from misery, grew with it, and surpassed it.

La paciencia del camino, conocida por quienes trabajan y sufren con bondad, nunca llegó.

The patience of the trail, known to those who toil and suffer kindly, never came.

Esa paciencia que conserva dulce la palabra a pesar del dolor les era desconocida.

That patience, which keeps speech sweet through pain, was unknown to them.

No tenían ni un ápice de paciencia ni la fuerza que suponía sufrir con gracia.

They had no hint of patience, no strength drawn from suffering with grace.

Estaban rígidos por el dolor: les dolían los músculos, los huesos y el corazón.

They were stiff with pain—aching in their muscles, bones, and hearts.

Por eso se volvieron afilados de lengua y rápidos para usar palabras ásperas.

Because of this, they grew sharp of tongue and quick with harsh words.

Cada día comenzaba y terminaba con voces enojadas y amargas quejas.

Each day began and ended with angry voices and bitter complaints.

Charles y Hal discutían cada vez que Mercedes les daba una oportunidad.

Charles and Hal wrangled whenever Mercedes gave them a chance.

Cada hombre creía que hacía más de lo que le correspondía en el trabajo.

Each man believed he did more than his fair share of the work.

Ninguno de los dos perdió la oportunidad de decirlo una y otra vez.

Neither ever missed a chance to say so, again and again.

A veces Mercedes se ponía del lado de Charles, a veces del lado de Hal.

Sometimes Mercedes sided with Charles, sometimes with Hal.

Esto dio lugar a una gran e interminable disputa entre los tres.

This led to a grand and endless quarrel among the three.

Una disputa sobre quién debería cortar leña se salió de control.

A dispute over who should chop firewood grew out of control.

Pronto se nombraron padres, madres, primos y parientes muertos.

Soon, fathers, mothers, cousins, and dead relatives were named.

Las opiniones de Hal sobre el arte o las obras de su tío se convirtieron en parte de la pelea.

Hal's views on art or his uncle's plays became part of the fight.

Las creencias políticas de Charles también entraron en el debate.

Charles's political beliefs also entered the debate.

Para Mercedes, incluso los chismes de la hermana de su marido parecían relevantes.

To Mercedes, even her husband's sister's gossip seemed relevant.

Ella expresó sus opiniones sobre eso y sobre muchos de los defectos de la familia de Charles.

She aired opinions on that and on many of Charles's family's flaws.

Mientras discutían, el fuego permaneció apagado y el campamento medio montado.

While they argued, the fire stayed unlit and camp half set.

Mientras tanto, los perros permanecieron fríos y sin comida.

Meanwhile, the dogs remained cold and without any food.

Mercedes tenía un motivo de queja que consideraba profundamente personal.

Mercedes held a grievance she considered deeply personal.

Se sintió maltratada como mujer, negándole sus privilegios de gentileza.

She felt mistreated as a woman, denied her gentle privileges.

Ella era bonita y dulce, y acostumbrada a la caballerosidad toda su vida.

She was pretty and soft, and used to chivalry all her life.

Pero su marido y su hermano ahora la trataban con impaciencia.

But her husband and brother now treated her with impatience.

Su costumbre era actuar con impotencia y comenzaron a quejarse.

Her habit was to act helpless, and they began to complain.

Ofendida por esto, les hizo la vida aún más difícil.

Offended by this, she made their lives all the more difficult.

Ella ignoró a los perros e insistió en montar ella misma el trineo.

She ignored the dogs and insisted on riding the sled herself.

Aunque parecía ligera de aspecto, pesaba ciento veinte libras.

Though light in looks, she weighed one hundred twenty pounds.

Esa carga adicional era demasiado para los perros hambrientos y débiles.

That added burden was too much for the starving, weak dogs.

Aún así, ella cabalgó durante días, hasta que los perros se desplomaron en las riendas.

Still, she rode for days, until the dogs collapsed in the reins.

El trineo se detuvo y Charles y Hal le rogaron que caminara.

The sled stood still, and Charles and Hal begged her to walk.

Ellos suplicaron y rogaron, pero ella lloró y los llamó crueles.

They pleaded and entreated, but she wept and called them cruel.

En una ocasión la sacaron del trineo con pura fuerza y enojo.

On one occasion, they pulled her off the sled with sheer force and anger.

Nunca volvieron a intentarlo después de lo que pasó aquella vez.

They never tried again after what happened that time.

Ella se quedó flácida como un niño mimado y se sentó en la nieve.

She went limp like a spoiled child and sat in the snow.

Ellos siguieron adelante, pero ella se negó a levantarse o seguirlos.

They moved on, but she refused to rise or follow behind.

Después de tres millas, se detuvieron, regresaron y la llevaron de regreso.

After three miles, they stopped, returned, and carried her back.

La volvieron a cargar en el trineo, nuevamente usando la fuerza bruta.

They reloaded her onto the sled, again using brute strength.

En su profunda miseria, fueron insensibles al sufrimiento de los perros.

In their deep misery, they were callous to the dogs' suffering.

Hal creía que uno debía endurecerse y forzar esa creencia a los demás.

Hal believed one must get hardened and forced that belief on others.

Primero intentó predicar su filosofía a su hermana.

He first tried to preach his philosophy to his sister

y luego, sin éxito, le predicó a su cuñado.

and then, without success, he preached to his brother-in-law.

Tuvo más éxito con los perros, pero sólo porque los lastimaba.

He had more success with the dogs, but only because he hurt them.

En Five Fingers, la comida para perros se quedó completamente sin comida.

At Five Fingers, the dog food ran out of food completely.

Una vieja india desdentada vendió unas cuantas libras de cuero de caballo congelado

A toothless old squaw sold a few pounds of frozen horse-hide

Hal cambió su revólver por la piel de caballo seca.

Hal traded his revolver for the dried horse-hide.

La carne había procedido de caballos hambrientos de ganaderos meses antes.

The meat had come from starved horses of cattlemen months before.

Congelada, la piel era como hierro galvanizado: dura y incomestible.

Frozen, the hide was like galvanized iron; tough and inedible.

Los perros tenían que masticar sin parar la piel para poder comérsela.

The dogs had to chew endlessly at the hide to eat it.

Pero las cuerdas correosas y el pelo corto no constituían apenas alimento.

But the leathery strings and short hair were hardly nourishment.

La mayor parte de la piel era irritante y no era alimento en ningún sentido estricto.

Most of the hide was irritating, and not food in any true sense.

Y durante todo ese tiempo, Buck se tambaleaba al frente, como en una pesadilla.

And through it all, Buck staggered at the front, like in a nightmare.

Tiraba cuando podía, y cuando no, se quedaba tendido hasta que un látigo o un garrote lo levantaban.

He pulled when able; when not, he lay until whip or club raised him.

Su fino y brillante pelaje había perdido toda la rigidez y brillo que alguna vez tuvo.

His fine, glossy coat had lost all stiffness and sheen it once had.

Su cabello colgaba lacio, enmarañado y cubierto de sangre seca por los golpes.

His hair hung limp, draggled, and clotted with dried blood from the blows.

Sus músculos se encogieron hasta convertirse en cuerdas y sus almohadillas de carne estaban todas desgastadas.

His muscles shrank to cords, and his flesh pads were all worn away.

Cada costilla, cada hueso se veía claramente a través de los pliegues de la piel arrugada.

Each rib, each bone showed clearly through folds of wrinkled skin.

Fue desgarrador, pero el corazón de Buck no podía romperse.

It was heartbreaking, yet Buck's heart could not break.

El hombre del suéter rojo lo había probado y demostrado hacía mucho tiempo.

The man in the red sweater had tested that and proved it long ago.

Tal como sucedió con Buck, sucedió con el resto de sus compañeros de equipo.

As it was with Buck, so it was with all his remaining teammates.

Eran siete en total, cada uno de ellos un esqueleto andante de miseria.

There were seven in total, each one a walking skeleton of misery.

Se habían vuelto insensibles a los latigazos y solo sentían un dolor distante.

They had grown numb to lash, feeling only distant pain.

Incluso la vista y el sonido les llegaban débilmente, como a través de una espesa niebla.

Even sight and sound reached them faintly, as through a thick fog.

No estaban ni medio vivos: eran huesos con tenues chispas en su interior.

They were not half alive—they were bones with dim sparks inside.

Al detenerse, se desplomaron como cadáveres y sus chispas casi desaparecieron.

When stopped, they collapsed like corpses, their sparks almost gone.

Y cuando el látigo o el garrote volvían a golpear, las chispas revoloteaban débilmente.

And when the whip or club struck again, the sparks fluttered weakly.

Entonces se levantaron, se tambalearon hacia adelante y arrastraron sus extremidades hacia delante.

Then they rose, staggered forward, and dragged their limbs ahead.

Un día el amable Billee se cayó y ya no pudo levantarse.

One day kind Billee fell and could no longer rise at all.

Hal había cambiado su revólver, por lo que utilizó un hacha para matar a Billee.

Hal had traded his revolver, so he used an axe to kill Billee instead.

Lo golpeó en la cabeza, luego le cortó el cuerpo y se lo llevó arrastrado.

He struck him on the head, then cut his body free and dragged it away.

Buck vio esto, y también los demás; sabían que la muerte estaba cerca.

Buck saw this, and so did the others; they knew death was near.

Al día siguiente Koona se fue, dejando sólo cinco perros en el equipo hambriento.

Next day Koona went, leaving just five dogs in the starving team.

Joe, que ya no era malo, estaba demasiado perdido como para darse cuenta de gran cosa.

Joe, no longer mean, was too far gone to be aware of much at all.

Pike, que ya no fingía su lesión, estaba apenas consciente.

Pike, no longer faking his injury, was barely conscious.

Solleks, todavía fiel, lamentó no tener fuerzas para dar.

Solleks, still faithful, mourned he had no strength to give.

Teek fue el que más perdió porque estaba más fresco, pero su rendimiento se estaba agotando rápidamente.

Teek was beaten most because he was fresher, but fading fast.

Y Buck, todavía a la cabeza, ya no mantenía el orden ni lo hacía cumplir.

And Buck, still in the lead, no longer kept order or enforced it.

Medio ciego por la debilidad, Buck siguió el rastro sólo por el tacto.

Half blind with weakness, Buck followed the trail by feel alone.

Era un hermoso clima primaveral, pero ninguno de ellos lo notó.

It was beautiful spring weather, but none of them noticed it.

Cada día el sol salía más temprano y se ponía más tarde que el anterior.

Each day the sun rose earlier and set later than before.

A las tres de la mañana ya había amanecido; el crepúsculo duró hasta las nueve.

By three in the morning, dawn had come; twilight lasted till nine.

Los largos días estuvieron llenos del resplandor del sol primaveral.

The long days were filled with the full blaze of spring sunshine.

El silencio fantasmal del invierno se había transformado en un cálido murmullo.

The ghostly silence of winter had changed into a warm murmur.

Toda la tierra estaba despertando, viva con la alegría de los seres vivos.

All the land was waking, alive with the joy of living things.

El sonido provenía de lo que había permanecido muerto e inmóvil durante el invierno.

The sound came from what had lain dead and still through winter.

Ahora, esas cosas se movieron nuevamente, sacudiéndose el largo sueño helado.

Now, those things moved again, shaking off the long frost sleep.

La savia subía a través de los oscuros troncos de los pinos que esperaban.

Sap was rising through the dark trunks of the waiting pine trees.

Los sauces y los álamos brotan brillantes y jóvenes brotes en cada ramita.

Willows and aspens burst out bright young buds on each twig.

Los arbustos y las enredaderas se vistieron de un verde fresco a medida que el bosque cobraba vida.

Shrubs and vines put on fresh green as the woods came alive.

Los grillos cantaban por la noche y los insectos se arrastraban bajo el sol del día.

Crickets chirped at night, and bugs crawled in daylight sun.

Las perdices graznaban y los pájaros carpinteros picoteaban en lo profundo de los árboles.

Partridges boomed, and woodpeckers knocked deep in the trees.

Las ardillas parloteaban, los pájaros cantaban y los gansos graznaban al hablarles a los perros.

Squirrels chattered, birds sang, and geese honked over the dogs.

Las aves silvestres llegaron en grupos afilados, volando desde el sur.

The wild-fowl came in sharp wedges, flying up from the south.

De cada ladera llegaba la música de arroyos ocultos y caudalosos.

From every hillside came the music of hidden, rushing streams.

Todas las cosas se descongelaron y se rompieron, se doblaron y volvieron a ponerse en movimiento.

All things thawed and snapped, bent and burst back into motion.

El Yukón se esforzó por romper las frías cadenas del hielo congelado.

The Yukon strained to break the cold chains of frozen ice.

El hielo se derritió desde abajo, mientras que el sol lo derritió desde arriba.

The ice melted underneath, while the sun melted it from above.

Se abrieron agujeros de aire, se abrieron grietas y algunos trozos cayeron al río.

Air-holes opened, cracks spread, and chunks fell into the river.

En medio de toda esta vida frenética y llameante, los viajeros se tambaleaban.

Amid all this bursting and blazing life, the travelers staggered.

Dos hombres, una mujer y una jauría de perros esquimales caminaban como muertos.

Two men, a woman, and a pack of huskies walked like the dead.

Los perros caían, Mercedes lloraba, pero seguía montando el trineo.

The dogs were falling, Mercedes wept, but still rode the sled.

Hal maldijo débilmente y Charles parpadeó con los ojos llorosos.

Hal cursed weakly, and Charles blinked through watering eyes.

Se toparon con el campamento de John Thornton junto a la desembocadura del río Blanco.

They stumbled into John Thornton's camp by White River's mouth.

Cuando se detuvieron, los perros cayeron al suelo, como si todos hubieran muerto.

When they stopped, the dogs dropped flat, as if all struck dead.

Mercedes se secó las lágrimas y miró a John Thornton.

Mercedes wiped her tears and looked across at John Thornton.

Charles se sentó en un tronco, lenta y rígidamente, dolorido por el camino.

Charles sat on a log, slowly and stiffly, aching from the trail.

Hal habló mientras Thornton tallaba el extremo del mango de un hacha.

Hal did the talking as Thornton carved the end of an axe-handle.

Él tallaba madera de abedul y respondía con respuestas breves y firmes.

He whittled birch wood and answered with brief, firm replies.

Cuando se le preguntó, dio consejos, seguro de que no serían seguidos.

When asked, he gave advice, certain it wasn't going to be followed.

Hal explicó: "Nos dijeron que el hielo del sendero se estaba desprendiendo".

Hal explained, "They told us the trail ice was dropping out."

Dijeron que nos quedáramos allí, pero llegamos a White River.

"They said we should stay put—but we made it to White River."

Terminó con un tono burlón, como para proclamar la victoria en medio de las dificultades.

He ended with a sneering tone, as if to claim victory in hardship.

—Y te dijeron la verdad —respondió John Thornton a Hal en voz baja.

"And they told you true," John Thornton answered Hal quietly.

"El hielo puede ceder en cualquier momento; está a punto de desprenderse".

"The ice may give way at any moment—it's ready to drop out."

"Solo la suerte ciega y los tontos pudieron haber llegado tan lejos con vida".

"Only blind luck and fools could have made it this far alive."

"Te lo digo directamente: no arriesgaría mi vida ni por todo el oro de Alaska".

"I tell you straight, I wouldn't risk my life for all Alaska's gold."

—Supongo que es porque no eres tonto —respondió Hal.

"That's because you're not a fool, I suppose," Hal answered.

—De todos modos, seguiremos hasta Dawson. —Desenrolló el látigo.

"All the same, we'll go on to Dawson." He uncoiled his whip.

—¡Sube, Buck! ¡Hola! ¡Sube! ¡Vamos! —gritó con dureza.

"Get up there, Buck! Hi! Get up! Go on!" he shouted harshly.

Thornton siguió tallando madera, sabiendo que los tontos no escucharían razones.

Thornton kept whittling, knowing fools won't hear reason.

Detener a un tonto era inútil, y dos o tres tontos no cambiaban nada.

To stop a fool was futile—and two or three fooled changed nothing.

Pero el equipo no se movió ante la orden de Hal.

But the team didn't move at the sound of Hal's command.

A estas alturas, sólo los golpes podían hacerlos levantarse y avanzar.

By now, only blows could make them rise and pull forward.

El látigo golpeó una y otra vez a los perros debilitados.

The whip snapped again and again across the weakened dogs.

John Thornton apretó los labios con fuerza y observó en silencio.

John Thornton pressed his lips tightly and watched in silence.

Solleks fue el primero en ponerse de pie bajo el látigo.

Solleks was the first to crawl to his feet under the lash.

Entonces Teek lo siguió, temblando. Joe gritó al tambalearse.

Then Teek followed, trembling. Joe yelped as he stumbled up.

Pike intentó levantarse, falló dos veces y finalmente se mantuvo en pie, tambaleándose.

Pike tried to rise, failed twice, then finally stood unsteadily.

Pero Buck yacía donde había caído, sin moverse en absoluto este momento.

But Buck lay where he had fallen, not moving at all this time.

El látigo lo golpeaba una y otra vez, pero él no emitía ningún sonido.

The whip slashed him over and over, but he made no sound.

Él no se inmutó ni se resistió, simplemente permaneció quieto y en silencio.

He did not flinch or resist, simply remained still and quiet.

Thornton se movió más de una vez, como si fuera a hablar, pero no lo hizo.

Thornton stirred more than once, as if to speak, but didn't.

Sus ojos se humedecieron y el látigo siguió golpeando contra Buck.

His eyes grew wet, and still the whip cracked against Buck.

Finalmente, Thornton comenzó a caminar lentamente, sin saber qué hacer.

At last, Thornton began pacing slowly, unsure of what to do.

Era la primera vez que Buck fallaba y Hal se puso furioso.

It was the first time Buck had failed, and Hal grew furious.

Dejó el látigo y en su lugar tomó el pesado garrote.

He threw down the whip and picked up the heavy club instead.

El palo de madera cayó con fuerza, pero Buck todavía no se levantó para moverse.

The wooden club came down hard, but Buck still did not rise to move.

Al igual que sus compañeros de equipo, era demasiado débil, pero más que eso.

Like his teammates, he was too weak—but more than that.

Buck había decidido no moverse, sin importar lo que sucediera después.

Buck had decided not to move, no matter what came next.

Sintió algo oscuro y seguro flotando justo delante.

He felt something dark and certain hovering just ahead.

Ese miedo se apoderó de él tan pronto como llegó a la orilla del río.

That dread had seized him as soon as he reached the riverbank.

La sensación no lo había abandonado desde que sintió el hielo fino bajo sus patas.

The feeling had not left him since he felt the ice thin under his paws.

Algo terrible lo esperaba; lo sintió más allá del camino.

Something terrible was waiting—he felt it just down the trail.

No iba a caminar hacia esa cosa terrible que había delante.

He wasn't going to walk towards that terrible thing ahead

Él no iba a obedecer ninguna orden que lo llevara a esa cosa.

He was not going to obey any command that took him to that thing.

El dolor de los golpes apenas lo afectaba ahora: estaba demasiado lejos.

The pain of the blows hardly touched him now—he was too far gone.

La chispa de la vida parpadeaba débilmente y se apagaba bajo cada golpe cruel.

The spark of life flickered low, dimmed beneath each cruel strike.

Sus extremidades se sentían distantes; su cuerpo entero parecía pertenecer a otro.

His limbs felt distant; his whole body seemed to belong to another.

Sintió un extraño entumecimiento mientras el dolor desapareció por completo.

He felt a strange numbness as the pain faded out completely.

Desde lejos, sentía que lo golpeaban, pero apenas lo sabía.

From far away, he sensed he was being beaten, but barely knew.

Podía oír los golpes débilmente, pero ya no dolían realmente.

He could hear the thuds faintly, but they no longer truly hurt.

Los golpes dieron en el blanco, pero su cuerpo ya no parecía el suyo.

The blows landed, but his body no longer seemed like his own.

Entonces, de repente y sin previo aviso, John Thornton lanzó un grito salvaje.

Then suddenly, without warning, John Thornton gave a wild cry.

Era un grito inarticulado, más el grito de una bestia que el de un hombre.

It was inarticulate, more the cry of a beast than of a man.

Saltó hacia el hombre con el garrote y tiró a Hal hacia atrás.

He leapt at the man with the club and knocked Hal backward.

Hal voló como si lo hubiera golpeado un árbol y aterrizó con fuerza en el suelo.

Hal flew as if struck by a tree, landing hard upon the ground.

Mercedes gritó en pánico y se llevó las manos a la cara.

Mercedes screamed aloud in panic and clutched at her face.

Charles se limitó a mirar, se secó los ojos y permaneció sentado.

Charles only looked on, wiped his eyes, and stayed seated.

Su cuerpo estaba demasiado rígido por el dolor para levantarse o ayudar en la pelea.

His body was too stiff with pain to rise or help in the fight.

Thornton se quedó de pie junto a Buck, temblando de furia, incapaz de hablar.

Thornton stood over Buck, trembling with fury, unable to speak.

Se estremeció de rabia y luchó por encontrar su voz a través de ella.

He shook with rage and fought to find his voice through it.

—Si vuelves a golpear a ese perro, te mataré —dijo finalmente.

"If you strike that dog again, I'll kill you," he finally said.

Hal se limpió la sangre de la boca y volvió a avanzar.

Hal wiped blood from his mouth and came forward again.

—Es mi perro —murmuró—. ¡Quítate del medio o te curaré!

"It's my dog," he muttered. "Get out of the way, or I'll fix you."

"Voy a Dawson y no me lo vas a impedir", añadió.

"I'm going to Dawson, and you're not stopping me," he added.

Thornton se mantuvo firme entre Buck y el joven enojado.

Thornton stood firm between Buck and the angry young man.

No tenía intención de hacerse a un lado o dejar pasar a Hal.

He had no intention of stepping aside or letting Hal pass.

Hal sacó su cuchillo de caza, largo y peligroso en la mano.

Hal pulled out his hunting knife, long and dangerous in hand.

Mercedes gritó, luego lloró y luego rió con una histeria salvaje.

Mercedes screamed, then cried, then laughed in wild hysteria.

Thornton golpeó la mano de Hal con el mango de su hacha, fuerte y rápido.

Thornton struck Hal's hand with his axe-handle, hard and fast.

El cuchillo se soltó del agarre de Hal y voló al suelo.

The knife was knocked loose from Hal's grip and flew to the ground.

Hal intentó recoger el cuchillo y Thornton volvió a golpearle los nudillos.

Hal tried to pick the knife up, and Thornton rapped his knuckles again.

Entonces Thornton se agachó, agarró el cuchillo y lo sostuvo.

Then Thornton stooped down, grabbed the knife, and held it.

Con dos rápidos golpes del mango del hacha, cortó las riendas de Buck.

With two quick chops of the axe-handle, he cut Buck's reins.

Hal ya no tenía fuerzas para luchar y se apartó del perro.

Hal had no fight left in him and stepped back from the dog.

Además, Mercedes necesitaba ahora ambos brazos para mantenerse erguida.

Besides, Mercedes needed both arms now to keep her upright.

Buck estaba demasiado cerca de la muerte como para volver a ser útil para tirar de un trineo.

Buck was too near death to be of use for pulling a sled again.

Unos minutos después, se marcharon y se dirigieron río abajo.

A few minutes later, they pulled out, heading down the river.

Buck levantó la cabeza débilmente y los observó mientras salían del banco.

Buck raised his head weakly and watched them leave the bank.

Pike lideró el equipo, con Solleks en la parte trasera, al volante.

Pike led the team, with Solleks at the rear in the wheel spot.

Joe y Teek caminaron entre ellos, ambos cojeando por el cansancio.

Joe and Teek walked between, both limping with exhaustion.

Mercedes se sentó en el trineo y Hal agarró el largo palo.

Mercedes sat on the sled, and Hal gripped the long gee-pole.

Charles se tambaleó detrás, sus pasos torpes e inseguros.

Charles stumbled behind, his steps clumsy and uncertain.

Thornton se arrodilló junto a Buck y buscó con delicadeza los huesos rotos.

Thornton knelt by Buck and gently felt for broken bones.

Sus manos eran ásperas pero se movían con amabilidad y cuidado.

His hands were rough but moved with kindness and care.

El cuerpo de Buck estaba magullado pero no mostraba lesiones duraderas.

Buck's body was bruised but showed no lasting injury.

Lo que quedó fue un hambre terrible y una debilidad casi total.

What remained was terrible hunger and near-total weakness.

Cuando esto quedó claro, el trineo ya había avanzado mucho río abajo.

By the time this was clear, the sled had gone far downriver.

El hombre y el perro observaron cómo el trineo se deslizaba lentamente sobre el hielo agrietado.

Man and dog watched the sled slowly crawl over the cracking ice.

Luego vieron que el trineo se hundía en un hueco.

Then, they saw the sled sink down into a hollow.

El mástil voló hacia arriba, con Hal todavía aferrándose a él en vano.

The gee-pole flew up, with Hal still clinging to it in vain.

El grito de Mercedes les llegó a través de la fría distancia.

Mercedes's scream reached them across the cold distance.

Charles se giró y dio un paso atrás, pero ya era demasiado tarde.

Charles turned and stepped back—but he was too late.

Una capa de hielo entera cedió y todos ellos cayeron al suelo.

A whole ice sheet gave way, and they all dropped through.

Los perros, los trineos y las personas desaparecieron en el agua negra que había debajo.

Dogs, sled, and people vanished into the black water below.

En el hielo por donde habían pasado sólo quedaba un amplio agujero.

Only a wide hole in the ice was left where they had passed.

El sendero se había hundido por completo, tal como Thornton había advertido.

The trail's bottom had dropped out—just as Thornton warned.

Thornton y Buck se miraron el uno al otro y guardaron silencio por un momento.

Thornton and Buck looked at one another, silent for a moment.

—Pobre diablo —dijo Thornton suavemente, y Buck le lamió la mano.

"You poor devil," said Thornton softly, and Buck licked his hand.

Por el amor de un hombre
For the Love of a Man

John Thornton se congeló los pies en el frío del diciembre anterior.
John Thornton froze his feet in the cold of the previous December.

Sus compañeros lo hicieron sentir cómodo y lo dejaron recuperarse solo.
His partners made him comfortable and left him to recover alone.

Subieron al río para recoger una balsa de troncos para aserrar para Dawson.
They went up the river to gather a raft of saw-logs for Dawson.

Todavía cojeaba ligeramente cuando rescató a Buck de la muerte.
He was still limping slightly when he rescued Buck from death.

Pero como el clima cálido continuó, incluso esa cojera desapareció.
But with warm weather continuing, even that limp disappeared.

Durante los largos días de primavera, Buck descansaba a orillas del río.
Lying by the riverbank during long spring days, Buck rested.

Observó el agua fluir y escuchó a los pájaros y a los insectos.
He watched the flowing water and listened to birds and insects.

Lentamente, Buck recuperó su fuerza bajo el sol y el cielo.
Slowly, Buck regained his strength under the sun and sky.

Un descanso fue maravilloso después de viajar tres mil millas.
A rest felt wonderful after traveling three thousand miles.

Buck se volvió perezoso a medida que sus heridas sanaban y su cuerpo se llenaba.

Buck became lazy as his wounds healed and his body filled out.

Sus músculos se reafirmaron y la carne volvió a cubrir sus huesos.

His muscles grew firm, and flesh returned to cover his bones.

Todos estaban descansando: Buck, Thornton, Skeet y Nig.

They were all resting—Buck, Thornton, Skeet, and Nig.

Esperaron la balsa que los llevaría a Dawson.

They waited for the raft that was going to carry them down to Dawson.

Skeet era un pequeño setter irlandés que se hizo amigo de Buck.

Skeet was a small Irish setter who made friends with Buck.

Buck estaba demasiado débil y enfermo para resistirse a ella en su primer encuentro.

Buck was too weak and ill to resist her at their first meeting.

Skeet tenía el rasgo de sanador que algunos perros poseen naturalmente.

Skeet had the healer trait that some dogs naturally possess.

Como una gata madre, lamió y limpió las heridas abiertas de Buck.

Like a mother cat, she licked and cleaned Buck's raw wounds.

Todas las mañanas, después del desayuno, repetía su minucioso trabajo.

Every morning after breakfast, she repeated her careful work.

Buck llegó a esperar su ayuda tanto como la de Thornton.

Buck came to expect her help as much as he did Thornton's.

Nig también era amigable, pero menos abierto y menos cariñoso.

Nig was friendly too, but less open and less affectionate.

Nig era un perro grande y negro, mitad sabueso y mitad lebrel.

Nig was a big black dog, part bloodhound and part deerhound.

Tenía ojos sonrientes y un espíritu bondadoso sin límites.

He had laughing eyes and endless good nature in his spirit.

Para sorpresa de Buck, ninguno de los perros mostró celos hacia él.

To Buck's surprise, neither dog showed jealousy toward him.

Tanto Skeet como Nig compartieron la amabilidad de John Thornton.

Both Skeet and Nig shared the kindness of John Thornton.

A medida que Buck se hacía más fuerte, lo atrajeron hacia juegos de perros tontos.

As Buck got stronger, they lured him into foolish dog games.

Thornton también jugaba a menudo con ellos, incapaz de resistirse a su alegría.

Thornton often played with them too, unable to resist their joy.

De esta manera lúdica, Buck pasó de la enfermedad a una nueva vida.

In this playful way, Buck moved from illness to a new life.

El amor, el amor verdadero, ardiente y apasionado, finalmente era suyo.

Love—true, burning, and passionate love—was his at last.

Nunca había conocido ese tipo de amor en la finca de Miller.

He had never known this kind of love at Miller's estate.

Con los hijos del Juez había compartido trabajo y aventuras.

With the Judge's sons, he had shared work and adventure.

En los nietos vio un orgullo rígido y jactancioso.

With the grandsons, he saw stiff and boastful pride.

Con el propio juez Miller mantuvo una amistad respetuosa.

With Judge Miller himself, he had a respectful friendship.

Pero el amor que era fuego, locura y adoración llegó con Thornton.

But love that was fire, madness, and worship came with Thornton.

Este hombre había salvado la vida de Buck, y eso solo significaba mucho.

This man had saved Buck's life, and that alone meant a great deal.

Pero más que eso, John Thornton era el tipo de maestro ideal.

But more than that, John Thornton was the ideal kind of master.

Otros hombres cuidaban perros por obligación o necesidad laboral.

Other men cared for dogs out of duty or business necessity.

John Thornton cuidaba a sus perros como si fueran sus hijos.

John Thornton cared for his dogs as if they were his children.

Él se preocupaba por ellos porque los amaba y simplemente no podía evitarlo.

He cared for them because he loved them and simply could not help it.

John Thornton vio incluso más lejos de lo que la mayoría de los hombres lograron ver.

John Thornton saw even further than most men ever managed to see.

Nunca se olvidó de saludarlos amablemente o decirles alguna palabra de aliento.

He never forgot to greet them kindly or speak a cheering word.

Le encantaba sentarse con los perros para tener largas charlas, o "gases", como él decía.

He loved sitting down with the dogs for long talks, or "gassy," as he said.

Le gustaba agarrar bruscamente la cabeza de Buck entre sus fuertes manos.

He liked to seize Buck's head roughly between his strong hands.

Luego apoyó su cabeza contra la de Buck y lo sacudió suavemente.

Then he rested his own head against Buck's and shook him gently.

Mientras tanto, él llamaba a Buck con nombres groseros que significaban amor para Buck.

All the while, he called Buck rude names that meant love to Buck.

Para Buck, ese fuerte abrazo y esas palabras le trajeron una profunda alegría.

To Buck, that rough embrace and those words brought deep joy.

Su corazón parecía latir con fuerza de felicidad con cada movimiento.

His heart seemed to shake loose with happiness at each movement.

Cuando se levantó de un salto, su boca parecía como si se estuviera riendo.

When he sprang up afterward, his mouth looked like it laughed.

Sus ojos brillaban intensamente y su garganta temblaba con una alegría tácita.

His eyes shone brightly and his throat trembled with unspoken joy.

Su sonrisa se detuvo en ese estado de emoción y afecto resplandeciente.

His smile stood still in that state of emotion and glowing affection.

Entonces Thornton exclamó pensativo: "¡Dios! ¡Casi puede hablar!"

Then Thornton exclaimed thoughtfully, "God! he can almost speak!"

Buck tenía una extraña forma de expresar amor que casi causaba dolor.

Buck had a strange way of expressing love that nearly caused pain.

A menudo apretaba muy fuerte la mano de Thornton entre los dientes.

He often griped Thornton's hand in his teeth very tightly.

La mordedura iba a dejar marcas profundas que permanecerían durante algún tiempo.

The bite was going to leave deep marks that stayed for some time after.

Buck creía que esos juramentos eran de amor y Thornton lo sabía también.

Buck believed those oaths were love, and Thornton knew the same.

La mayoría de las veces, el amor de Buck se demostraba en una adoración silenciosa, casi silenciosa.

Most often, Buck's love showed in quiet, almost silent adoration.

Aunque se emocionaba cuando lo tocaban o le hablaban, no buscaba atención.

Though thrilled when touched or spoken to, he did not seek attention.

Skeet empujó su nariz bajo la mano de Thornton hasta que él la acarició.

Skeet nudged her nose under Thornton's hand until he petted her.

Nig se acercó en silencio y apoyó su gran cabeza en la rodilla de Thornton.

Nig walked up quietly and rested his large head on Thornton's knee.

Buck, por el contrario, se conformaba con amar desde una distancia respetuosa.

Buck, in contrast, was satisfied to love from a respectful distance.

Durante horas permaneció tendido a los pies de Thornton, alerta y observando atentamente.

He lied for hours at Thornton's feet, alert and watching closely.

Buck estudió cada detalle del rostro de su amo y su más mínimo movimiento.

Buck studied every detail of his master's face and slightest motion.

O yacía más lejos, estudiando la figura del hombre en silencio.

Or lied farther away, studying the man's shape in silence.

Buck observó cada pequeño movimiento, cada cambio de postura o gesto.

Buck watched each small move, each shift in posture or gesture.

Tan poderosa era esta conexión que a menudo atraía la mirada de Thornton.

So powerful was this connection that often pulled Thornton's gaze.

Sostuvo la mirada de Buck sin palabras, pero el amor brillaba claramente a través de ella.

He met Buck's eyes with no words, love shining clearly through.

Durante mucho tiempo después de ser salvado, Buck nunca perdió de vista a Thornton.

For a long while after being saved, Buck never let Thornton out of sight.

Cada vez que Thornton salía de la tienda, Buck lo seguía de cerca afuera.

Whenever Thornton left the tent, Buck followed him closely outside.

Todos los amos severos de las Tierras del Norte habían hecho que Buck tuviera miedo de confiar.

All the harsh masters in the Northland had made Buck afraid to trust.

Temía que ningún hombre pudiera seguir siendo su amo durante más de un corto tiempo.

He feared no man could remain his master for more than a short time.

Temía que John Thornton desapareciera como Perrault y François.

He feared John Thornton was going to vanish like Perrault and François.

Incluso por la noche, el miedo a perderlo acechaba el sueño inquieto de Buck.

Even at night, the fear of losing him haunted Buck's restless sleep.

Cuando Buck se despertó, salió a escondidas al frío y fue a la tienda de campaña.

When Buck woke, he crept out into the cold, and went to the tent.

Escuchó atentamente el suave sonido de la respiración en su interior.

He listened carefully for the soft sound of breathing inside.

A pesar del profundo amor de Buck por John Thornton, lo salvaje siguió vivo.

Despite Buck's deep love for John Thornton, the wild stayed alive.

Ese instinto primitivo, despertado en el Norte, no desapareció.

That primitive instinct, awakened in the North, did not disappear.

El amor trajo devoción, lealtad y el cálido vínculo del fuego.

Love brought devotion, loyalty, and the fire-side's warm bond.

Pero Buck también mantuvo sus instintos salvajes, agudos y siempre alerta.

But Buck also kept his wild instincts, sharp and ever alert.

No era sólo una mascota domesticada de las suaves tierras de la civilización.

He was not just a tamed pet from the soft lands of civilization.

Buck era un ser salvaje que había venido a sentarse junto al fuego de Thornton.

Buck was a wild being who had come in to sit by Thornton's fire.

Parecía un perro del Sur, pero en su interior vivía lo salvaje.

He looked like a Southland dog, but wildness lived within him.

Su amor por Thornton era demasiado grande como para permitirle robarle algo.

His love for Thornton was too great to allow theft from the man.

Pero en cualquier otro campamento, robaría con valentía y sin pausa.

But in any other camp, he would steal boldly and without pause.

Era tan astuto al robar que nadie podía atraparlo ni acusarlo.

He was so clever in stealing that no one could catch or accuse him.

Su rostro y su cuerpo estaban cubiertos de cicatrices de muchas peleas pasadas.

His face and body were covered in scars from many past fights.

Buck seguía luchando con fiereza, pero ahora luchaba con más astucia.

Buck still fought fiercely, but now he fought with more cunning.

Skeet y Nig eran demasiado amables para pelear, y eran de Thornton.

Skeet and Nig were too gentle to fight, and they were Thornton's.

Pero cualquier perro extraño, por fuerte o valiente que fuese, cedía.

But any strange dog, no matter how strong or brave, gave way.

De lo contrario, el perro se encontraría luchando contra Buck; luchando por su vida.

Otherwise, the dog found itself battling Buck; fighting for its life.

Buck no tuvo piedad una vez que decidió pelear contra otro perro.

Buck had no mercy once he chose to fight against another dog.

Había aprendido bien la ley del garrote y el colmillo en las Tierras del Norte.

He had learned well the law of club and fang in the Northland.

Él nunca renunció a una ventaja y nunca se retractó de la batalla.

He never gave up an advantage and never backed away from battle.

Había estudiado a los Spitz y a los perros más feroces del correo y de la policía.

He had studied Spitz and the fiercest dogs of mail and police.

Sabía claramente que no había término medio en un combate salvaje.

He knew clearly there was no middle ground in wild combat.

Él debía gobernar o ser gobernado; mostrar misericordia significaba mostrar debilidad.

He must rule or be ruled; showing mercy meant showing weakness.

Mercy era una desconocida en el crudo y brutal mundo de la supervivencia.

Mercy was unknown in the raw and brutal world of survival.

Mostrar misericordia era visto como miedo, y el miedo conducía rápidamente a la muerte.

To show mercy was seen as fear, and fear led quickly to death.

La antigua ley era simple: matar o ser asesinado, comer o ser comido.

The old law was simple: kill or be killed, eat or be eaten.

Esa ley vino desde las profundidades del tiempo, y Buck la siguió plenamente.

That law came from the depths of time, and Buck followed it fully.

Buck era mayor que su edad y el número de respiraciones que tomaba.

Buck was older than his years and the number of breaths he took.

Conectó claramente el pasado antiguo con el momento presente.

He connected the ancient past with the present moment clearly.

Los ritmos profundos de las épocas lo atravesaban como mareas.

The deep rhythms of the ages moved through him like the tides.

El tiempo latía en su sangre con la misma seguridad con la que las estaciones movían la tierra.

Time pulsed in his blood as surely as seasons moved the earth.

Se sentó junto al fuego de Thornton, con el pecho fuerte y los colmillos blancos.

He sat by Thornton's fire, strong-chested and white-fanged.

Su largo pelaje ondeaba, pero detrás de él los espíritus de los perros salvajes observaban.

His long fur waved, but behind him the spirits of wild dogs watched.

Lobos medio y lobos completos se agitaron dentro de su corazón y sus sentidos.

Half-wolves and full wolves stirred within his heart and senses.

Probaron su carne y bebieron la misma agua que él.

They tasted his meat and drank the same water that he did.

Olfatearon el viento junto a él y escucharon el bosque.

They sniffed the wind alongside him and listened to the forest.

Susurraron los significados de los sonidos salvajes en la oscuridad.

They whispered the meanings of the wild sounds in the darkness.

Ellos moldearon sus estados de ánimo y guiaron cada una de sus reacciones tranquilas.

They shaped his moods and guided each of his quiet reactions.

Se quedaron con él mientras dormía y se convirtieron en parte de sus sueños más profundos.

They lay with him as he slept and became part of his deep dreams.

Soñaron con él, más allá de él, y constituyeron su propio espíritu.

They dreamed with him, beyond him, and made up his very spirit.

Los espíritus de la naturaleza llamaron con tanta fuerza que Buck se sintió atraído.

The spirits of the wild called so strongly that Buck felt pulled.

Cada día, la humanidad y sus reivindicaciones se debilitaban más en el corazón de Buck.

Each day, mankind and its claims grew weaker in Buck's heart.

En lo profundo del bosque, un llamado extraño y emocionante estaba por surgir.

Deep in the forest, a strange and thrilling call was going to rise.

Cada vez que escuchaba el llamado, Buck sentía un impulso que no podía resistir.

Every time he heard the call, Buck felt an urge he could not resist.

Él iba a alejarse del fuego y de los caminos humanos trillados.

He was going to turn from the fire and from the beaten human paths.

Iba a adentrarse en el bosque, avanzando sin saber por qué.

He was going to plunge into the forest, going forward without knowing why.

Él no cuestionó esta atracción porque el llamado era profundo y poderoso.

He did not question this pull, for the call was deep and powerful.

A menudo, alcanzaba la sombra verde y la tierra suave e intacta.

Often, he reached the green shade and soft untouched earth

Pero entonces el fuerte amor por John Thornton lo atrajo de nuevo al fuego.

But then the strong love for John Thornton pulled him back to the fire.

Sólo John Thornton realmente pudo sostener en sus manos el corazón salvaje de Buck.

Only John Thornton truly held Buck's wild heart in his grasp.

El resto de la humanidad no tenía ningún valor o significado duradero para Buck.

The rest of mankind had no lasting value or meaning to Buck.

Los extraños podrían elogiarlo o acariciar su pelaje con manos amistosas.

Strangers might praise him or stroke his fur with friendly hands.

Buck permaneció impasible y se alejó por demasiado afecto.

Buck remained unmoved and walked off from too much affection.

Hans y Pete llegaron con la balsa que habían esperado durante tanto tiempo.

Hans and Pete arrived with the raft that had long been awaited

Buck los ignoró hasta que supo que estaban cerca de Thornton.

Buck ignored them until he learned they were close to Thornton.

Después de eso, los toleró, pero nunca les mostró total calidez.

After that, he tolerated them, but never showed them full warmth.

Él aceptaba comida o gentileza de ellos como si les estuviera haciendo un favor.

He took food or kindness from them as if doing them a favor.

Eran como Thornton: sencillos, honestos y claros en sus pensamientos.

They were like Thornton—simple, honest, and clear in thought.

Todos juntos viajaron al aserradero de Dawson y al gran remolino.

All together they traveled to Dawson's saw-mill and the great eddy

En su viaje aprendieron a comprender profundamente la naturaleza de Buck.

On their journey the learned to understand Buck's nature deeply.

No intentaron acercarse como lo habían hecho Skeet y Nig.

They did not try to grow close like Skeet and Nig had done.

Pero el amor de Buck por John Thornton solo se profundizó con el tiempo.

But Buck's love for John Thornton only deepened over time.

Sólo Thornton podía colocar una mochila en la espalda de Buck en el verano.

Only Thornton could place a pack on Buck's back in the summer.

Cualquiera que fuera lo que Thornton ordenaba, Buck estaba dispuesto a hacerlo a cabalidad.

Whatever Thornton commanded, Buck was willing to do fully.

Un día, después de que dejaron Dawson hacia las cabeceras del río Tanana,

One day, after they left Dawson for the headwaters of the Tanana,

El grupo se sentó en un acantilado que caía un metro hasta el lecho rocoso desnudo.

the group sat on a cliff that dropped three feet to bare bedrock.

John Thornton se sentó cerca del borde y Buck descansó a su lado.

John Thornton sat near the edge, and Buck rested beside him.

Thornton tuvo una idea repentina y llamó la atención de los hombres.

Thornton had a sudden thought and called the men's attention.

Señaló hacia el otro lado del abismo y le dio a Buck una única orden.

He pointed across the chasm and gave Buck a single command.

—¡Salta, Buck! —dijo, extendiendo el brazo por encima del precipicio.

"Jump, Buck!" he said, swinging his arm out over the drop.

En un momento, tuvo que agarrar a Buck, quien estaba saltando para obedecer.

In a moment, he had to grab Buck, who was leaping to obey.

Hans y Pete corrieron hacia adelante y los pusieron a ambos a salvo.

Hans and Pete rushed forward and pulled both back to safety.

Cuando todo terminó y recuperaron el aliento, Pete habló.

After all ended, and they had caught their breath, Pete spoke up.

"El amor es extraño", dijo, conmocionado por la feroz devoción del perro.

"The love's uncanny," he said, shaken by the dog's fierce devotion.

Thornton meneó la cabeza y respondió con seriedad y calma.

Thornton shook his head and replied with calm seriousness.

"No, el amor es espléndido", dijo, "pero también terrible".

"No, the love is splendid," he said, "but also terrible."

"A veces, debo admitirlo, este tipo de amor me da miedo".

"Sometimes, I must admit, this kind of love makes me afraid."

Pete asintió y dijo: "Odiaría ser el hombre que te toque".

Pete nodded and said, "I'd hate to be the man who touches you."

Miró a Buck mientras hablaba, serio y lleno de respeto.

He looked at Buck as he spoke, serious and full of respect.

—¡Py Jingo! —dijo Hans rápidamente—. Yo tampoco, señor.

"Py Jingo!" said Hans quickly. "Me either, no sir."

Antes de que terminara el año, los temores de Pete se hicieron realidad en Circle City.

Before the year ended, Pete's fears came true at Circle City.

Un hombre cruel llamado Black Burton provocó una pelea en el bar.

A cruel man named Black Burton picked a fight in the bar.

Estaba enojado y malicioso, arremetiendo contra un nuevo novato.

He was angry and malicious, lashing out at a new tenderfoot.

John Thornton entró en escena, tranquilo y afable como siempre.

John Thornton stepped in, calm and good-natured as always.

Buck yacía en un rincón, con la cabeza gacha, observando a Thornton de cerca.

Buck lay in a corner, head down, watching Thornton closely.

Burton atacó de repente, y su puñetazo hizo que Thornton girara.

Burton suddenly struck, his punch sending Thornton spinning.

Sólo la barandilla de la barra evitó que se estrellara con fuerza contra el suelo.

Only the bar's rail kept him from crashing hard to the ground.

Los observadores oyeron un sonido que no era un ladrido ni un aullido.

The watchers heard a sound that was not bark or yelp

Un rugido profundo salió de Buck mientras se lanzaba hacia el hombre.

a deep roar came from Buck as he launched toward the man.

Burton levantó el brazo y apenas salvó su vida.

Burton threw his arm up and barely saved his own life.

Buck se estrelló contra él y lo tiró al suelo.

Buck crashed into him, knocking him flat onto the floor.

Buck mordió profundamente el brazo del hombre y luego se abalanzó sobre su garganta.

Buck bit deep into the man's arm, then lunged for the throat.

Burton sólo pudo bloquearlo parcialmente y su cuello quedó destrozado.

Burton could only partly block, and his neck was torn open.

Los hombres se apresuraron a entrar, con los garrotes en alto, y apartaron a Buck del hombre sangrante.

Men rushed in, clubs raised, and drove Buck off the bleeding man.

Un cirujano trabajó rápidamente para detener la fuga de sangre.

A surgeon worked quickly to stop the blood from flowing out.

Buck caminaba de un lado a otro y gruñía, intentando atacar una y otra vez.

Buck paced and growled, trying to attack again and again.

Sólo los golpes con los palos le impidieron llegar hasta Burton.

Only swinging clubs kept him back from reaching Burton.

Allí mismo se convocó y celebró una asamblea de mineros.

A miners' meeting was called and held right there on the spot.

Estuvieron de acuerdo en que Buck había sido provocado y votaron por liberarlo.

They agreed Buck had been provoked and voted to set him free.

Pero el feroz nombre de Buck ahora resonaba en todos los campamentos de Alaska.

But Buck's fierce name now echoed in every camp in Alaska.

Más tarde ese otoño, Buck salvó a Thornton nuevamente de una nueva manera.

Later that fall, Buck saved Thornton again in a new way.

Los tres hombres guiaban un bote largo por rápidos agitados.

The three men were guiding a long boat down rough rapids.

Thornton tripulaba el bote, gritando instrucciones para llegar a la costa.

Thornton maned the boat, calling directions to the shoreline.

Hans y Pete corrieron por la tierra, sosteniendo una cuerda de árbol a árbol.

Hans and Pete ran on land, holding a rope from tree to tree.

Buck seguía el ritmo en la orilla, siempre observando a su amo.

Buck kept pace on the bank, always watching his master.

En un lugar desagradable, las rocas sobresalían bajo el agua rápida.

At one nasty place, rocks jutted out under the fast water.

Hans soltó la cuerda y Thornton dirigió el bote hacia otro lado.

Hans let go of the rope, and Thornton steered the boat wide.

Hans corrió para alcanzar el barco nuevamente más allá de las rocas peligrosas.

Hans sprinted to catch the boat again past the dangerous rocks.

El barco superó la cornisa pero se topó con una parte más fuerte de la corriente.

The boat cleared the ledge but hit a stronger part of the current.

Hans agarró la cuerda demasiado rápido y desequilibró el barco.

Hans grabbed the rope too quickly and pulled the boat off balance.

El barco se volcó y se estrelló contra la orilla, boca abajo.

The boat flipped over and slammed into the bank, bottom up.

Thornton fue arrojado y arrastrado hacia la parte más salvaje del agua.

Thornton was thrown out and swept into the wildest part of the water.

Ningún nadador habría podido sobrevivir en esas aguas turbulentas y mortales.

No swimmer could have survived in those deadly, racing waters.

Buck saltó instantáneamente y persiguió a su amo río abajo.

Buck jumped in instantly and chased his master down the river.

Después de trescientos metros, llegó por fin a Thornton.

After three hundred yards, he reached Thornton at last.

Thornton agarró la cola de Buck y Buck se giró hacia la orilla.

Thornton grabbed Buck's tail, and Buck turned for the shore.

Nadó con todas sus fuerzas, luchando contra el arrastre salvaje del agua.

He swam with full strength, fighting the water's wild drag.

Se movieron río abajo más rápido de lo que podían llegar a la orilla.

They moved downstream faster than they could reach the shore.

Más adelante, el río rugía cada vez más fuerte mientras caía en rápidos mortales.

Ahead, the river roared louder as it fell into deadly rapids.

Las rocas cortaban el agua como los dientes de un peine enorme.

Rocks sliced through the water like the teeth of a huge comb.

La atracción del agua cerca de la caída era salvaje e ineludible.

The pull of the water near the drop was savage and inescapable.

Thornton sabía que nunca podrían llegar a la costa a tiempo.

Thornton knew they could never make the shore in time.

Raspó una roca, se estrelló contra otra,

He scraped over one rock, smashed across a second,

Y entonces se estrelló contra una tercera roca, agarrándola con ambas manos.

And then he crashed into a third rock, grabbing it with both hands.

Soltó a Buck y gritó por encima del rugido: "¡Vamos, Buck! ¡Vamos!".

He let go of Buck and shouted over the roar, "Go, Buck! Go!"

Buck no pudo mantenerse a flote y fue arrastrado por la corriente.

Buck could not stay afloat and was swept down by the current.

Luchó con todas sus fuerzas, intentando girar, pero no consiguió ningún progreso.

He fought hard, struggling to turn, but made no headway at all.

Entonces escuchó a Thornton repetir la orden por encima del rugido del río.

Then he heard Thornton repeat the command over the river's roar.

Buck salió del agua y levantó la cabeza como para echar una última mirada.

Buck reared out of the water, raised his head as if for a last look.

Luego se giró y obedeció, nadando hacia la orilla con resolución.

then turned and obeyed, swimming toward the bank with resolve.

Pete y Hans lo sacaron a tierra en el último momento posible.

Pete and Hans pulled him ashore at the final possible moment.

Sabían que Thornton podría aferrarse a la roca sólo por unos minutos más.

They knew Thornton could cling to the rock for only minutes more.

Corrieron por la orilla hasta un lugar mucho más arriba de donde estaba colgado.

They ran up the bank to a spot far above where he was hanging.

Ataron la cuerda del bote al cuello y los hombros de Buck con cuidado.

They tied the boat's line to Buck's neck and shoulders carefully.

La cuerda estaba ajustada pero lo suficientemente suelta para permitir la respiración y el movimiento.

The rope was snug but loose enough for breathing and movement.

Luego lo lanzaron nuevamente al caudaloso y mortal río.

Then they launched him into the rushing, deadly river again.

Buck nadó con valentía, pero perdió su ángulo debido a la fuerza de la corriente.

Buck swam boldly but missed his angle into the stream's force.

Se dio cuenta demasiado tarde de que iba a dejar atrás a Thornton.

He saw too late that he was going to drift past Thornton.

Hans tiró de la cuerda con fuerza, como si Buck fuera un barco que se hundía.

Hans jerked the rope tight, as if Buck were a capsizing boat.

La corriente lo arrastró hacia abajo y desapareció bajo la superficie.

The current pulled him under, and he vanished below the surface.

Su cuerpo chocó contra el banco antes de que Hans y Pete pudieran sacarlo.

His body struck the bank before Hans and Pete pulled him out.

Estaba medio ahogado y le sacaron el agua a golpes.

He was half-drowned, and they pounded the water out of him.

Buck se puso de pie, se tambaleó y volvió a desplomarse en el suelo.

Buck stood, staggered, and collapsed again onto the ground.

Entonces oyeron la voz de Thornton llevada débilmente por el viento.

Then they heard Thornton's voice faintly carried by the wind.

Aunque las palabras no eran claras, sabían que estaba cerca de morir.

Though the words were unclear, they knew he was near death.

El sonido de la voz de Thornton golpeó a Buck como una sacudida eléctrica.

The sound of Thornton's voice hit Buck like an electric jolt.

Saltó y corrió por la orilla, regresando al punto de lanzamiento.

He jumped up and ran up the bank, returning to the launch point.

Nuevamente ataron la cuerda a Buck, y nuevamente entró al arroyo.

Again they tied the rope to Buck, and again he entered the stream.

Esta vez nadó directo y firmemente hacia el agua que palpitaba.

This time, he swam directly and firmly into the rushing water.

Hans soltó la cuerda con firmeza mientras Pete evitaba que se enredara.

Hans let out the rope steadily while Pete kept it from tangling.

Buck nadó con fuerza hasta que estuvo alineado justo encima de Thornton.

Buck swam hard until he was lined up just above Thornton.

Luego se dio la vuelta y se lanzó hacia abajo como un tren a toda velocidad.

Then he turned and charged down like a train in full speed.

Thornton lo vio venir, se preparó y le rodeó el cuello con los brazos.

Thornton saw him coming, braced, and locked arms around his neck.

Hans ató la cuerda fuertemente alrededor de un árbol mientras ambos eran arrastrados hacia abajo.

Hans tied the rope fast around a tree as both were pulled under.

Cayeron bajo el agua y se estrellaron contra rocas y escombros del río.

They tumbled underwater, smashing into rocks and river debris.

En un momento Buck estaba arriba y al siguiente Thornton se levantó jadeando.

One moment Buck was on top, the next Thornton rose gasping.

Maltratados y asfixiados, se desviaron hacia la orilla y se pusieron a salvo.

Battered and choking, they veered to the bank and safety.

Thornton recuperó el conocimiento, acostado sobre un tronco a la deriva.

Thornton regained consciousness, lying across a drift log.

Hans y Pete trabajaron duro para devolverle el aliento y la vida.

Hans and Pete worked him hard to bring back breath and life.

Su primer pensamiento fue para Buck, que yacía inmóvil y flácido.

His first thought was for Buck, who lay motionless and limp.

Nig aulló sobre el cuerpo de Buck y Skeet le lamió la cara suavemente.

Nig howled over Buck's body, and Skeet licked his face gently.

Thornton, dolorido y magullado, examinó a Buck con manos cuidadosas.

Thornton, sore and bruised, examined Buck with careful hands.

Encontró tres costillas rotas, pero ninguna herida mortal en el perro.

He found three ribs broken, but no deadly wounds in the dog.

"Eso lo resuelve", dijo Thornton. "Acamparemos aquí". Y así lo hicieron.

"That settles it," Thornton said. "We camp here." And they did.

Se quedaron hasta que las costillas de Buck sanaron y pudo caminar nuevamente.

They stayed until Buck's ribs healed and he could walk again.

Ese invierno, Buck realizó una hazaña que aumentó aún más su fama.

That winter, Buck performed a feat that raised his fame further.

Fue menos heroico que salvar a Thornton, pero igual de impresionante.

It was less heroic than saving Thornton, but just as impressive.

En Dawson, los socios necesitaban suministros para un viaje lejano.

At Dawson, the partners needed supplies for a distant journey.

Querían viajar hacia el Este, hacia tierras vírgenes y silvestres.

They wanted to travel East, into untouched wilderness lands.

La escritura de Buck en el Eldorado Saloon hizo posible ese viaje.

Buck's deed in the Eldorado Saloon made that trip possible.

Todo empezó con hombres alardeando de sus perros mientras bebían.

It began with men bragging about their dogs over drinks.

La fama de Buck lo convirtió en blanco de desafíos y dudas.

Buck's fame made him the target of challenges and doubt.

Thornton, orgulloso y tranquilo, se mantuvo firme en la defensa del nombre de Buck.

Thornton, proud and calm, stood firm in defending Buck's name.

Un hombre dijo que su perro podía levantar doscientos cincuenta kilos con facilidad.

One man said his dog could pull five hundred pounds with ease.

Otro dijo seiscientos, y un tercero se jactó de setecientos.

Another said six hundred, and a third bragged seven hundred.

"¡Pfft!" dijo John Thornton, "Buck puede tirar de un trineo de mil libras".

"Pfft!" said John Thornton, "Buck can pull a thousand pound sled."

Matthewson, un Rey de Bonanza, se inclinó hacia delante y lo desafió.

Matthewson, a Bonanza King, leaned forward and challenged him.

¿Crees que puede poner tanto peso en movimiento?

"You think he can put that much weight into motion?"

"¿Y crees que puede tirar del peso cien yardas enteras?"

"And you think he can pull the weight a full hundred yards?"

Thornton respondió con frialdad: «Sí. Buck es lo suficientemente bueno como para hacerlo».

Thornton replied coolly, "Yes. Buck is dog enough to do it."

"Pondrá mil libras en movimiento y las arrastrará cien yardas".

"He'll put a thousand pounds into motion, and pull it a hundred yards."

Matthewson sonrió lentamente y se aseguró de que todos los hombres escucharan sus palabras.

Matthewson smiled slowly and made sure all men heard his words.

Tengo mil dólares que dicen que no puede. Ahí está.

"I've got a thousand dollars that says he can't. There it is."

Arrojó un saco de polvo de oro del tamaño de una salchicha sobre la barra.

He slammed a sack of gold dust the size of sausage on the bar.

Nadie dijo una palabra. El silencio se hizo denso y tenso a su alrededor.

Nobody said a word. The silence grew heavy and tense around them.

El engaño de Thornton —si es que lo hubo— había sido tomado en serio.

Thornton's bluff—if it was one—had been taken seriously.

Sintió que el calor le subía a la cara mientras la sangre le subía a las mejillas.

He felt heat rise in his face as blood rushed to his cheeks.

En ese momento su lengua se había adelantado a su razón.

His tongue had gotten ahead of his reason in that moment.

Realmente no sabía si Buck podría mover mil libras.

He truly didn't know if Buck could move a thousand pounds.

¡Media tonelada! Solo su tamaño le hacía sentir un gran peso en el corazón.

Half a ton! The size of it alone made his heart feel heavy.

Tenía fe en la fuerza de Buck y creía que era capaz.

He had faith in Buck's strength and had thought him capable.

Pero nunca se había enfrentado a un desafío así, no de esta manera.

But he had never faced this kind of challenge, not like this.

Una docena de hombres lo observaban en silencio, esperando ver qué haría.

A dozen men watched him quietly, waiting to see what he'd do.

Él no tenía el dinero, ni tampoco Hans ni Pete.

He didn't have the money—neither did Hans or Pete.

"Tengo un trineo afuera", dijo Matthewson fría y directamente.

"I've got a sled outside," said Matthewson coldly and direct.

"Está cargado con veinte sacos de cincuenta libras cada uno, todo de harina.

"It's loaded with twenty sacks, fifty pounds each, all flour.

Así que no dejen que un trineo perdido sea su excusa ahora", añadió.

So don't let a missing sled be your excuse now," he added.

Thornton permaneció en silencio. No sabía qué decir.

Thornton stood silent. He didn't know what words to offer.

Miró a su alrededor los rostros sin verlos con claridad.

He looked around at the faces without seeing them clearly.

Parecía un hombre congelado en sus pensamientos, intentando reiniciarse.

He looked like a man frozen in thought, trying to restart.

Luego vio a Jim O'Brien, un amigo de la época de Mastodon.

Then he saw Jim O'Brien, a friend from the Mastodon days.

Ese rostro familiar le dio un coraje que no sabía que tenía.

That familiar face gave him courage he didn't know he had.

Se giró y preguntó en voz baja: "¿Puedes prestarme mil?"

He turned and asked in a low voice, "Can you lend me a thousand?"

"Claro", dijo O'Brien, dejando caer un pesado saco junto al oro.

"Sure," said O'Brien, dropping a heavy sack by the gold already.

"Pero la verdad, John, no creo que la bestia pueda hacer esto".

"But truthfully, John, I don't believe the beast can do this."

Todos los que estaban en el Eldorado Saloon corrieron hacia afuera para ver el evento.

Everyone in the Eldorado Saloon rushed outside to see the event.

Abandonaron las mesas y las bebidas, e incluso los juegos se pausaron.

They left tables and drinks, and even the games were paused.

Comerciantes y jugadores acudieron para presenciar el final de la audaz apuesta.

Dealers and gamblers came to witness the bold wager's end.

Cientos de personas se reunieron alrededor del trineo en la calle helada y abierta.

Hundreds gathered around the sled in the icy open street.

El trineo de Matthewson estaba cargado con un montón de sacos de harina.

Matthewson's sled stood with a full load of flour sacks.

El trineo había permanecido parado durante horas a temperaturas bajo cero.

The sled had been sitting for hours in minus temperatures.

Los patines del trineo estaban congelados y pegados a la nieve compacta.

The sled's runners were frozen tight to the packed-down snow.

Los hombres ofrecieron dos a uno de que Buck no podría mover el trineo.

Men offered two-to-one odds that Buck could not move the sled.

Se desató una disputa sobre lo que realmente significaba "break out".

A dispute broke out about what "break out" really meant.

O'Brien dijo que Thornton debería aflojar la base congelada del trineo.

O'Brien said Thornton should loosen the sled's frozen base.

Buck pudo entonces "escapar" de un comienzo sólido e inmóvil.

Buck could then "break out" from a solid, motionless start.

Matthewson argumentó que el perro también debe liberar a los corredores.

Matthewson argued the dog must break the runners free too.

Los hombres que habían escuchado la apuesta estuvieron de acuerdo con la opinión de Matthewson.

The men who had heard the bet agreed with Matthewson's view.

Con esa decisión, las probabilidades aumentaron a tres a uno en contra de Buck.

With that ruling, the odds jumped to three-to-one against Buck.

Nadie se animó a asumir las crecientes probabilidades de tres a uno.

No one stepped forward to take the growing three-to-one odds.

Ningún hombre creyó que Buck pudiera realizar la gran hazaña.

Not a single man believed Buck could perform the great feat.

Thornton se había apresurado a hacer la apuesta, cargado de dudas.

Thornton had been rushed into the bet, heavy with doubts.

Ahora miró el trineo y el equipo de diez perros que estaba a su lado.

Now he looked at the sled and the ten-dog team beside it.

Ver la realidad de la tarea la hizo parecer más imposible.

Seeing the reality of the task made it seem more impossible.

Matthewson estaba lleno de orgullo y confianza en ese momento.

Matthewson was full of pride and confidence in that moment.

—¡Tres a uno! —gritó—. ¡Apuesto mil más, Thornton!

"Three to one!" he shouted. "I'll bet another thousand, Thornton!

"¿Qué dices?" añadió lo suficientemente alto para que todos lo oyeran.

What do you say?" he added, loud enough for all to hear.

El rostro de Thornton mostraba sus dudas, pero su ánimo se había elevado.

Thornton's face showed his doubts, but his spirit had risen.

Ese espíritu de lucha ignoraba las probabilidades y no temía a nada en absoluto.

That fighting spirit ignored odds and feared nothing at all.

Llamó a Hans y Pete para que trajeran todo su dinero a la mesa.

He called Hans and Pete to bring all their cash to the table.

Les quedaba poco: sólo doscientos dólares en total.

They had little left—only two hundred dollars combined.

Esta pequeña suma constituía su fortuna total en tiempos difíciles.

This small sum was their total fortune during hard times.

Aún así, apostaron toda su fortuna contra la apuesta de Matthewson.

Still, they laid all of the fortune down against Matthewson's bet.

El equipo de diez perros fue desenganchado y se alejó del trineo.

The ten-dog team was unhitched and moved away from the sled.

Buck fue colocado en las riendas, vistiendo su arnés familiar.

Buck was placed in the reins, wearing his familiar harness.

Había captado la energía de la multitud y sentía la tensión.

He had caught the energy of the crowd and felt the tension.

De alguna manera, sabía que tenía que hacer algo por John Thornton.

Somehow, he knew he had to do something for John Thornton.

La gente murmuraba con admiración ante la orgullosa figura del perro.

People murmured with admiration at the dog's proud figure.

Era delgado y fuerte, sin un solo gramo de carne extra.
He was lean and strong, without a single extra ounce of flesh.
Su peso total de ciento cincuenta libras era todo potencia y resistencia.
His full weight of hundred fifty pounds was all power and endurance.
El pelaje de Buck brillaba como la seda, espeso y saludable.
Buck's coat gleamed like silk, thick with health and strength.
El pelaje a lo largo de su cuello y hombros pareció levantarse y erizarse.
The fur along his neck and shoulders seemed to lift and bristle.
Su melena se movía levemente, cada cabello vivo con su gran energía.
His mane moved slightly, each hair alive with his great energy.
Su pecho ancho y sus piernas fuertes hacían juego con su cuerpo pesado y duro.
His broad chest and strong legs matched his heavy, tough frame.
Los músculos se ondulaban bajo su abrigo, tensos y firmes como hierro.
Muscles rippled under his coat, tight and firm as bound iron.
Los hombres lo tocaron y juraron que estaba construido como una máquina de acero.
Men touched him and swore he was built like a steel machine.
Las probabilidades bajaron levemente a dos a uno contra el gran perro.
The odds dropped slightly to two to one against the great dog.
Un hombre de los bancos Skookum se adelantó, tartamudeando.
A man from the Skookum Benches pushed forward, stuttering.
—¡Bien, señor! ¡Ofrezco ochocientas libras por él, antes del examen, señor!
"Good, sir! I offer eight hundred for him—before the test, sir!"

"¡Ochocientos, tal como está ahora mismo!" insistió el hombre.

"Eight hundred, as he stands right now!" the man insisted.

Thornton dio un paso adelante, sonrió y meneó la cabeza con calma.

Thornton stepped forward, smiled, and shook his head calmly.

Matthewson intervino rápidamente con una voz de advertencia y el ceño fruncido.

Matthewson quickly stepped in with a warning voice and frown.

—Debes alejarte de él —dijo—. Dale espacio.

"You must step away from him," he said. "Give him space."

La multitud quedó en silencio; sólo los jugadores seguían ofreciendo dos a uno.

The crowd grew silent; only gamblers still offered two to one.

Todos admiraban la complexión de Buck, pero la carga parecía demasiado grande.

Everyone admired Buck's build, but the load looked too great.

Veinte sacos de harina, cada uno de cincuenta libras de peso, parecían demasiados.

Twenty sacks of flour—each fifty pounds in weight—seemed far too much.

Nadie estaba dispuesto a abrir su bolsa y arriesgar su dinero.

No one was willing to open their pouch and risk their money.

Thornton se arrodilló junto a Buck y tomó su cabeza con ambas manos.

Thornton knelt beside Buck and took his head in both hands.

Presionó su mejilla contra la de Buck y le habló al oído.

He pressed his cheek against Buck's and spoke into his ear.

Ya no había apretones juguetones ni susurros de insultos amorosos.

There was no playful shaking or whispered loving insults now.

Él sólo murmuró suavemente: "Tanto como me amas, Buck".

He only murmured softly, "As much as you love me, Buck."

Buck dejó escapar un gemido silencioso, su entusiasmo apenas fue contenido.

Buck let out a quiet whine, his eagerness barely restrained.

Los espectadores observaron con curiosidad cómo la tensión llenaba el aire.

The onlookers watched with curiosity as tension filled the air.

El momento parecía casi irreal, como algo más allá de la razón.

The moment felt almost unreal, like something beyond reason.

Cuando Thornton se puso de pie, Buck tomó suavemente su mano entre sus mandíbulas.

When Thornton stood, Buck gently took his hand in his jaws.

Presionó con los dientes y luego lo soltó lenta y suavemente.

He pressed down with his teeth, then let go slowly and gently.

Fue una respuesta silenciosa de amor, no dicha, pero entendida.

It was a silent answer of love, not spoken, but understood.

Thornton se alejó bastante del perro y dio la señal.

Thornton stepped well back from the dog and gave the signal.

—Ahora, Buck —dijo, y Buck respondió con calma y concentración.

"Now, Buck," he said, and Buck responded with focused calm.

Buck apretó las correas y luego las aflojó unos centímetros.

Buck tightened the traces, then loosened them by a few inches.

Éste era el método que había aprendido; su manera de romper el trineo.

This was the method he had learned; his way to break the sled.

—¡Caramba! —gritó Thornton con voz aguda en el pesado silencio.

"Gee!" Thornton shouted, his voice sharp in the heavy silence.

Buck giró hacia la derecha y se lanzó con todo su peso.

Buck turned to the right and lunged with all of his weight.

La holgura desapareció y la masa total de Buck golpeó las cuerdas apretadas.

The slack vanished, and Buck's full mass hit the tight traces.

El trineo tembló y los patines produjeron un crujido crujiente.

The sled trembled, and the runners made a crisp crackling sound.

—¡Ja! —ordenó Thornton, cambiando nuevamente la dirección de Buck.

"Haw!" Thornton commanded, shifting Buck's direction again.

Buck repitió el movimiento, esta vez tirando bruscamente hacia la izquierda.

Buck repeated the move, this time pulling sharply to the left.

El trineo crujió más fuerte y los patines crujieron y se movieron.

The sled cracked louder, the runners snapping and shifting.

La pesada carga se deslizó ligeramente hacia un lado sobre la nieve congelada.

The heavy load slid slightly sideways across the frozen snow.

¡El trineo se había soltado del sendero helado!

The sled had broken free from the grip of the icy trail!

Los hombres contenían la respiración, sin darse cuenta de que ni siquiera estaban respirando.

Men held their breath, unaware they were not even breathing.

—¡Ahora, TIRA! —gritó Thornton a través del silencio helado.

"Now, PULL!" Thornton cried out across the frozen silence.

La orden de Thornton sonó aguda, como el chasquido de un látigo.

Thornton's command rang out sharp, like the crack of a whip.

Buck se lanzó hacia adelante con una estocada feroz y estremecedora.

Buck hurled himself forward with a fierce and jarring lunge.

Todo su cuerpo se tensó y se arrugó por la enorme tensión.

His whole frame tensed and bunched for the massive strain.

Los músculos se ondulaban bajo su pelaje como serpientes que cobraban vida.

Muscles rippled under his fur like serpents coming alive.

Su gran pecho estaba bajo y la cabeza estirada hacia delante, hacia el trineo.

His great chest was low, head stretched forward toward the sled.

Sus patas se movían como un rayo y sus garras cortaban el suelo helado.

His paws moved like lightning, claws slicing the frozen ground.

Los surcos se abrieron profundos mientras luchaba por cada centímetro de tracción.

Grooves were cut deep as he fought for every inch of traction.

El trineo se balanceó, tembló y comenzó un movimiento lento e inquieto.

The sled rocked, trembled, and began a slow, uneasy motion.

Un pie resbaló y un hombre entre la multitud gimió en voz alta.

One foot slipped, and a man in the crowd groaned aloud.

Entonces el trineo se lanzó hacia adelante con un movimiento brusco y espasmódico.

Then the sled lunged forward in a jerking, rough movement.

No se detuvo de nuevo: media pulgada... una pulgada... dos pulgadas más.

It didn't stop again—half an inch...an inch...two inches more.

Los tirones se hicieron más pequeños a medida que el trineo empezó a ganar velocidad.

The jerks became smaller as the sled began to gather speed.

Pronto Buck estaba tirando con una potencia suave, uniforme y rodante.

Soon Buck was pulling with smooth, even, rolling power.

Los hombres jadearon y finalmente recordaron respirar de nuevo.

Men gasped and finally remembered to breathe again.

No se habían dado cuenta de que su respiración se había detenido por el asombro.

They had not noticed their breath had stopped in awe.

Thornton corrió detrás, gritando órdenes breves y alegres.

Thornton ran behind, calling out short, cheerful commands.

Más adelante había una pila de leña que marcaba la distancia.

Ahead was a stack of firewood that marked the distance.

A medida que Buck se acercaba a la pila, los vítores se hacían cada vez más fuertes.

As Buck neared the pile, the cheering grew louder and louder.

Los aplausos aumentaron hasta convertirse en un rugido cuando Buck pasó el punto final.

The cheering swelled into a roar as Buck passed the end point.

Los hombres saltaron y gritaron, incluso Matthewson sonrió.

Men jumped and shouted, even Matthewson broke into a grin.

Los sombreros volaron por el aire y los guantes fueron arrojados sin pensar ni rumbo.

Hats flew into the air, mittens were tossed without thought or aim.

Los hombres se abrazaron y se dieron la mano sin saber a quién.

Men grabbed each other and shook hands without knowing who.

Toda la multitud vibró en una celebración salvaje y alegre.

The whole crowd buzzed in wild, joyful celebration.

Thornton cayó de rodillas junto a Buck con manos temblorosas.

Thornton dropped to his knees beside Buck with trembling hands.

Apretó su cabeza contra la de Buck y lo sacudió suavemente hacia adelante y hacia atrás.

He pressed his head to Buck's and shook him gently back and forth.

Los que se acercaron le oyeron maldecir al perro con silencioso amor.

Those who approached heard him curse the dog with quiet love.

Maldijo a Buck durante un largo rato, suavemente, cálidamente, con emoción.

He swore at Buck for a long time—softly, warmly, with emotion.

—¡Bien, señor! ¡Bien, señor! —gritó el rey del Banco Skookum a toda prisa.

"Good, sir! Good, sir!" cried the Skookum Bench king in a rush.

—¡Le daré mil, no, mil doscientos, por ese perro, señor!

"I'll give you a thousand—no, twelve hundred—for that dog, sir!"

Thornton se puso de pie lentamente, con los ojos brillantes de emoción.

Thornton rose slowly to his feet, his eyes shining with emotion.

Las lágrimas corrían abiertamente por sus mejillas sin ninguna vergüenza.

Tears streamed openly down his cheeks without any shame.

"Señor", le dijo al rey del Banco Skookum, firme y firme.

"Sir," he said to the Skookum Bench king, steady and firm

—No, señor. Puede irse al infierno, señor. Esa es mi última respuesta.

"No, sir. You can go to hell, sir. That's my final answer."

Buck agarró suavemente la mano de Thornton con sus fuertes mandíbulas.

Buck grabbed Thornton's hand gently in his strong jaws.

Thornton lo sacudió juguetonamente; su vínculo era más profundo que nunca.

Thornton shook him playfully, their bond deep as ever.

La multitud, conmovida por el momento, retrocedió en silencio.

The crowd, moved by the moment, stepped back in silence.

Desde entonces nadie se atrevió a interrumpir tan sagrado afecto.

From then on, none dared interrupt such sacred affection.

El sonido de la llamada
The Sound of the Call

Buck había ganado mil seiscientos dólares en cinco minutos.
Buck had earned sixteen hundred dollars in five minutes.
El dinero permitió a John Thornton pagar algunas de sus deudas.
The money let John Thornton pay off some of his debts.
Con el resto del dinero se dirigió al Este con sus socios.
With the rest of the money he headed East with his partners.
Buscaban una legendaria mina perdida, tan antigua como el país mismo.
They sought a fabled lost mine, as old as the country itself.
Muchos hombres habían buscado la mina, pero pocos la habían encontrado.
Many men had looked for the mine, but few had ever found it.
Más de unos pocos hombres habían desaparecido durante la peligrosa búsqueda.
More than a few men had vanished during the dangerous quest.
Esta mina perdida estaba envuelta en misterio y vieja tragedia.
This lost mine was wrapped in both mystery and old tragedy.
Nadie sabía quién había sido el primer hombre que encontró la mina.
No one knew who the first man to find the mine had been.
Las historias más antiguas no mencionan a nadie por su nombre.
The oldest stories don't mention anyone by name.
Siempre había habido allí una antigua y destartalada cabaña.
There had always been an ancient ramshackle cabin there.
Los hombres moribundos habían jurado que había una mina al lado de aquella vieja cabaña.
Dying men had sworn there was a mine next to that old cabin.
Probaron sus historias con oro como ningún otro en ningún otro lugar.

They proved their stories with gold like none found elsewhere.

Ningún alma viviente había jamás saqueado el tesoro de aquel lugar.

No living soul had ever looted the treasure from that place.

Los muertos estaban muertos, y los muertos no cuentan historias.

The dead were dead, and dead men tell no tales.

Entonces Thornton y sus amigos se dirigieron al Este.

So Thornton and his friends headed into the East.

Pete y Hans se unieron, trayendo a Buck y seis perros fuertes.

Pete and Hans joined, bringing Buck and six strong dogs.

Se embarcaron en un camino desconocido donde otros habían fracasado.

They set off down an unknown trail where others had failed.

Se deslizaron en trineo setenta millas por el congelado río Yukón.

They sledded seventy miles up the frozen Yukon River.

Giraron a la izquierda y siguieron el sendero hacia Stewart.

They turned left and followed the trail into the Stewart.

Pasaron Mayo y McQuestion y siguieron adelante.

They passed the Mayo and McQuestion, pressing farther on.

El río Stewart se encogió y se convirtió en un arroyo, atravesando picos irregulares.

The Stewart shrank into a stream, threading jagged peaks.

Estos picos afilados marcaban la columna vertebral del continente.

These sharp peaks marked the very spine of the continent.

John Thornton exigía poco a los hombres y a la tierra salvaje.

John Thornton demanded little from men or the wild land.

No temía a nada de la naturaleza y se enfrentaba a lo salvaje con facilidad.

He feared nothing in nature and faced the wild with ease.

Con sólo sal y un rifle, podría viajar a donde quisiera.

With only salt and a rifle, he could travel where he wished.

Al igual que los nativos, cazaba alimentos mientras viajaba.

Like the natives, he hunted food while he journeyed along.

Si no pescaba nada, seguía adelante, confiando en que la suerte le acompañaría.

If he caught nothing, he kept going, trusting luck ahead.

En este largo viaje, la carne era lo principal que comían.

On this long journey, meat was the main thing they ate.

El trineo contenía herramientas y municiones, pero no un horario estricto.

The sled held tools and ammo, but no strict timetable.

A Buck le encantaba este vagabundeo, la caza y la pesca interminables.

Buck loved this wandering; the endless hunt and fishing.

Durante semanas estuvieron viajando día tras día.

For weeks they were traveling day after steady day.

Otras veces montaban campamentos y permanecían allí durante semanas.

Other times they made camps and stayed still for weeks.

Los perros descansaron mientras los hombres cavaban en la tierra congelada.

The dogs rested while the men dug through frozen dirt.

Calentaron sartenes sobre el fuego y buscaron oro escondido.

They warmed pans over fires and searched for hidden gold.

Algunos días pasaban hambre y otros días tenían fiestas.

Some days they starved, and some days they had feasts.

Sus comidas dependían de la presa y de la suerte de la caza.

Their meals depended on the game and the luck of the hunt.

Cuando llegaba el verano, los hombres y los perros cargaban cargas sobre sus espaldas.

When summer came, men and dogs packed loads on their backs.

Navegaron por lagos azules escondidos en bosques de montaña.

They rafted across blue lakes hidden in mountain forests.

Navegaban en delgadas embarcaciones por ríos que ningún hombre había cartografiado jamás.

They sailed slim boats on rivers no man had ever mapped.

Esos barcos se construyeron a partir de árboles que cortaban en la naturaleza.

Those boats were built from trees they sawed in the wild.

Los meses pasaron y ellos serpentearon por tierras salvajes y desconocidas.

The months passed, and they twisted through the wild unknown lands.

No había hombres allí, aunque había rastros antiguos que indicaban que había habido hombres.

There were no men there, yet old traces hinted that men had been.

Si la Cabaña Perdida fue real, entonces otras personas habían pasado por allí alguna vez.

If the Lost Cabin was real, then others had once come this way.

Cruzaron pasos altos en medio de tormentas de nieve, incluso en verano.

They crossed high passes in blizzards, even during the summer.

Temblaban bajo el sol de medianoche en las laderas desnudas de las montañas.

They shivered under the midnight sun on bare mountain slopes.

Entre la línea de árboles y los campos de nieve, subieron lentamente.

Between the treeline and the snowfields, they climbed slowly.

En los valles cálidos, aplastaban nubes de mosquitos y moscas.

In warm valleys, they swatted at clouds of gnats and flies.

Recogieron bayas dulces cerca de los glaciares en plena floración del verano.

They picked sweet berries near glaciers in full summer bloom.

Las flores que encontraron eran tan hermosas como las de las Tierras del Sur.

The flowers they found were as lovely as those in the Southland.

Ese otoño llegaron a una región solitaria llena de lagos silenciosos.

That fall they reached a lonely region filled with silent lakes.

La tierra estaba triste y vacía, una vez llena de pájaros y bestias.

The land was sad and empty, once alive with birds and beasts.

Ahora no había vida, sólo el viento y el hielo formándose en charcos.

Now there was no life, just the wind and ice forming in pools.

Las olas golpeaban las orillas vacías con un sonido suave y triste.

Waves lapped against empty shores with a soft, mournful sound.

Llegó otro invierno y volvieron a seguir los viejos y tenues senderos.

Another winter came, and they followed faint, old trails again.

Éstos eran los rastros de hombres que habían buscado mucho antes que ellos.

These were the trails of men who had searched long before them.

Un día encontraron un camino que se adentraba profundamente en el bosque oscuro.

Once they found a path cut deep into the dark forest.

Era un sendero antiguo y sintieron que la cabaña perdida estaba cerca.

It was an old trail, and they felt the lost cabin was close.

Pero el sendero no conducía a ninguna parte y se perdía en el espeso bosque.

But the trail led nowhere and faded into the thick woods.

Nadie sabe quién hizo el sendero ni por qué lo hizo.

Whoever made the trail, and why they made it, no one knew.

Más tarde encontraron los restos de una cabaña escondidos entre los árboles.

Later, they found the wreck of a lodge hidden among the trees.

Mantas podridas yacían esparcidas donde alguna vez alguien había dormido.

Rotting blankets lay scattered where someone once had slept.

John Thornton encontró una pistola de chispa de cañón largo enterrada en el interior.

John Thornton found a long-barreled flintlock buried inside.

Sabía que se trataba de un cañón de la Bahía de Hudson desde los primeros días de su comercialización.

He knew this was a Hudson Bay gun from early trading days.

En aquella época, estas armas se intercambiaban por montones de pieles de castor.

In those days such guns were traded for stacks of beaver skins.

Eso fue todo: no quedó ninguna pista del hombre que construyó el albergue.

That was all—no clue remained of the man who built the lodge.

Llegó nuevamente la primavera y no encontraron ninguna señal de la Cabaña Perdida.

Spring came again, and they found no sign of the Lost Cabin.

En lugar de eso encontraron un valle amplio con un arroyo poco profundo.

Instead they found a broad valley with a shallow stream.

El oro se extendía sobre el fondo de las sartenes como mantequilla suave y amarilla.

Gold lay across the pan bottoms like smooth, yellow butter.

Se detuvieron allí y no buscaron más la cabaña.

They stopped there and searched no farther for the cabin.

Cada día trabajaban y encontraban miles en polvo de oro.

Each day they worked and found thousands in gold dust.

Empaquetaron el oro en bolsas de piel de alce, de cincuenta libras cada una.

They packed the gold in bags of moose-hide, fifty pounds each.

Las bolsas estaban apiladas como leña afuera de su pequeña cabaña.

The bags were stacked like firewood outside their small lodge.

Trabajaron como gigantes y los días pasaban como sueños rápidos.

They worked like giants, and the days passed like quick dreams.

Acumularon tesoros a medida que los días interminables transcurrían rápidamente.

They heaped up treasure as the endless days rolled swiftly by.

Los perros no tenían mucho que hacer excepto transportar carne de vez en cuando.

There was little for the dogs to do except haul meat now and then.

Thornton cazó y mató el animal, y Buck se quedó tendido junto al fuego.

Thornton hunted and killed the game, and Buck lay by the fire.

Pasó largas horas en silencio, perdido en sus pensamientos y recuerdos.

He spent long hours in silence, lost in thought and memory.

La imagen del hombre peludo venía cada vez más a la mente de Buck.

The image of the hairy man came more often into Buck's mind.

Ahora que el trabajo escaseaba, Buck soñaba mientras parpadeaba ante el fuego.

Now that work was scarce, Buck dreamed while blinking at the fire.

En esos sueños, Buck vagaba con el hombre en otro mundo.

In those dreams, Buck wandered with the man in another world.

El miedo parecía el sentimiento más fuerte en ese mundo distante.

Fear seemed the strongest feeling in that distant world.

Buck vio al hombre peludo dormir con la cabeza gacha.

Buck saw the hairy man sleep with his head bowed low.

Tenía las manos entrelazadas y su sueño era inquieto y entrecortado.

His hands were clasped, and his sleep was restless and broken.

Solía despertarse sobresaltado y mirar con miedo hacia la oscuridad.

He used to wake with a start and stare fearfully into the dark.

Luego echaba más leña al fuego para mantener la llama brillante.

Then he'd toss more wood onto the fire to keep the flame bright.

A veces caminaban por una playa junto a un mar gris e interminable.

Sometimes they walked along a beach by a gray, endless sea.

El hombre peludo recogía mariscos y los comía mientras caminaba.

The hairy man picked shellfish and ate them as he walked.

Sus ojos buscaban siempre peligros ocultos en las sombras.

His eyes searched always for hidden dangers in the shadows.

Sus piernas siempre estaban listas para correr ante la primera señal de amenaza.

His legs were always ready to sprint at the first sign of threat.

Se arrastraron por el bosque, silenciosos y cautelosos, uno al lado del otro.

They crept through the forest, silent and wary, side by side.

Buck lo siguió de cerca y ambos se mantuvieron alerta.

Buck followed at his heels, and both of them stayed alert.

Sus orejas se movían y temblaban, sus narices olfateaban el aire.

Their ears twitched and moved, their noses sniffed the air.

El hombre podía oír y oler el bosque tan agudamente como Buck.

The man could hear and smell the forest as sharply as Buck.

El hombre peludo se balanceó entre los árboles con una velocidad repentina.

The hairy man swung through the trees with sudden speed.

Saltaba de rama en rama sin perder nunca su agarre.

He leapt from branch to branch, never missing his grip.

Se movió tan rápido sobre el suelo como sobre él.

He moved as fast above the ground as he did upon it.

Buck recordó las largas noches bajo los árboles, haciendo guardia.

Buck remembered long nights beneath the trees, keeping watch.

El hombre dormía recostado en las ramas, aferrado fuertemente.

The man slept roosting in the branches, clinging tight.

Esta visión del hombre peludo estaba estrechamente ligada al llamado profundo.

This vision of the hairy man was tied closely to the deep call.

El llamado aún resonaba en el bosque con una fuerza inquietante.

The call still sounded through the forest with haunting force.

La llamada llenó a Buck de anhelo y una inquieta sensación de alegría.

The call filled Buck with longing and a restless sense of joy.

Sintió impulsos y agitaciones extrañas que no podía nombrar.

He felt strange urges and stirrings that he could not name.

A veces seguía la llamada hasta lo profundo del tranquilo bosque.

Sometimes he followed the call deep into the quiet woods.

Buscó el llamado, ladrando suave o agudamente mientras caminaba.

He searched for the calling, barking softly or sharply as he went.

Olfateó el musgo y la tierra negra donde crecían las hierbas.

He sniffed the moss and black soil where the grasses grew.

Resopló de alegría ante los ricos olores de la tierra profunda.

He snorted with delight at the rich smells of the deep earth.

Se agazapó durante horas detrás de troncos cubiertos de hongos.

He crouched for hours behind trunks covered in fungus.

Se quedó quieto, escuchando con los ojos muy abiertos cada pequeño sonido.

He stayed still, listening wide-eyed to every tiny sound.

Quizás esperaba sorprender al objeto que le había hecho el llamado.

He may have hoped to surprise the thing that gave the call.

Él no sabía por qué actuaba así: simplemente lo hacía.

He did not know why he acted this way —he simply did.

Los impulsos venían desde lo más profundo, más allá del pensamiento o la razón.

The urges came from deep within, beyond thought or reason.

Impulsos irresistibles se apoderaron de Buck sin previo aviso ni razón.

Irresistible urges took hold of Buck without warning or reason.

A veces dormitaba perezosamente en el campamento bajo el calor del mediodía.

At times he was dozing lazily in camp under the midday heat.

De repente, su cabeza se levantó y sus orejas se levantaron en alerta.

Suddenly, his head lifted and his ears shoot up alert.

Entonces se levantó de un salto y se lanzó hacia lo salvaje sin detenerse.

Then he sprang up and dash into the wild without pause.

Corrió durante horas por senderos forestales y espacios abiertos.

He ran for hours through forest paths and open spaces.

Le encantaba seguir los lechos de los arroyos secos y espiar a los pájaros en los árboles.

He loved to follow dry creek beds and spy on birds in the trees.

Podría permanecer escondido todo el día, mirando a las perdices pavonearse.

He could lie hidden all day, watching partridges strut around.

Ellos tamborilearon y marcharon, sin percatarse de la presencia todavía de Buck.

They drummed and marched, unaware of Buck's still presence.

Pero lo que más le gustaba era correr al atardecer en verano.

But what he loved most was running at twilight in summer.

La tenue luz y los sonidos soñolientos del bosque lo llenaron de alegría.

The dim light and sleepy forest sounds filled him with joy.

Leyó las señales del bosque tan claramente como un hombre lee un libro.

He read the forest signs as clearly as a man reads a book.

Y siempre buscaba aquella cosa extraña que lo llamaba.

And he searched always for the strange thing that called him.

Ese llamado nunca se detuvo: lo alcanzaba despierto o dormido.

That calling never stopped—it reached him waking or sleeping.

Una noche, se despertó sobresaltado, con los ojos alerta y las orejas alerta.

One night, he woke with a start, eyes sharp and ears high.

Sus fosas nasales se crisparon mientras su melena se erizaba en ondas.

His nostrils twitched as his mane stood bristling in waves.

Desde lo profundo del bosque volvió a oírse el sonido, el viejo llamado.

From deep in the forest came the sound again, the old call.

Esta vez el sonido sonó claro, un aullido largo, inquietante y familiar.

This time the sound rang clearly, a long, haunting, familiar howl.

Era como el grito de un husky, pero extraño y salvaje en tono.

It was like a husky's cry, but strange and wild in tone.

Buck reconoció el sonido al instante: había oído exactamente el mismo sonido hacía mucho tiempo.

Buck knew the sound at once—he had heard the exact sound long ago.

Saltó a través del campamento y desapareció rápidamente en el bosque.

He leapt through camp and vanished swiftly into the woods.

A medida que se acercaba al sonido, disminuyó la velocidad y se movió con cuidado.

As he neared the sound, he slowed and moved with care.

Pronto llegó a un claro entre espesos pinos.

Soon he reached a clearing between thick pine trees.

Allí, erguido sobre sus cuartos traseros, estaba sentado un lobo de bosque alto y delgado.

There, upright on its haunches, sat a tall, lean timber wolf.

La nariz del lobo apuntaba hacia el cielo, todavía haciendo eco del llamado.

The wolf's nose pointed skyward, still echoing the call.

Buck no había emitido ningún sonido, pero el lobo se detuvo y escuchó.

Buck had made no sound, yet the wolf stopped and listened.

Sintiendo algo, el lobo se tensó y buscó en la oscuridad.

Sensing something, the wolf tensed, searching the darkness.

Buck apareció sigilosamente, con el cuerpo agachado y los pies quietos sobre el suelo.

Buck crept into view, body low, feet quiet on the ground.

Su cola estaba recta y su cuerpo enroscado por la tensión.

His tail was straight, his body coiled tight with tension.

Mostró al mismo tiempo una amenaza y una especie de amistad ruda.

He showed both threat and a kind of rough friendship.

Fue el saludo cauteloso que compartían las bestias salvajes.

It was the wary greeting shared by beasts of the wild.

Pero el lobo se dio la vuelta y huyó tan pronto como vio a Buck.

But the wolf turned and fled as soon as it saw Buck.

Buck lo persiguió, saltando salvajemente, ansioso por alcanzarlo.

Buck gave chase, leaping wildly, eager to overtake it.

Siguió al lobo hasta un arroyo seco bloqueado por un atasco de madera.

He followed the wolf into a dry creek blocked by a timber jam.

Acorralado, el lobo giró y se mantuvo firme.

Cornered, the wolf spun around and stood its ground.

El lobo gruñó y mordió a su presa como un perro husky atrapado en una pelea.

The wolf snarled and snapped like a trapped husky dog in a fight.

Los dientes del lobo chasquearon rápidamente y su cuerpo se erizó de furia salvaje.

The wolf's teeth clicked fast, its body bristling with wild fury.

Buck no atacó, sino que rodeó al lobo con cautelosa amabilidad.

Buck did not attack but circled the wolf with careful friendliness.

Intentó bloquear su escape con movimientos lentos e inofensivos.

He tried to block his escape by slow, harmless movements.

El lobo estaba cauteloso y asustado: Buck pesaba tres veces más que él.

The wolf was wary and scared—Buck outweighed him three times.

La cabeza del lobo apenas llegaba hasta el enorme hombro de Buck.

The wolf's head barely reached up to Buck's massive shoulder.

Al acecho de un hueco, el lobo salió disparado y la persecución comenzó de nuevo.

Watching for a gap, the wolf bolted and the chase began again.

Varias veces Buck lo acorraló y el baile se repitió.

Several times Buck cornered him, and the dance repeated.

El lobo estaba delgado y débil, de lo contrario Buck no podría haberlo atrapado.

The wolf was thin and weak, or Buck could not have caught him.

Cada vez que Buck se acercaba, el lobo giraba y lo enfrentaba con miedo.

Each time Buck drew near, the wolf spun and faced him in fear.

Luego, a la primera oportunidad, se lanzó de nuevo al bosque.

Then at the first chance, he dashed off into the woods once more.

Pero Buck no se dio por vencido y finalmente el lobo comenzó a confiar en él.

But Buck did not give up, and finally the wolf came to trust him.

Olió la nariz de Buck y los dos se pusieron juguetones y alertas.

He sniffed Buck's nose, and the two grew playful and alert.

Jugaban como animales salvajes, feroces pero tímidos en su alegría.

They played like wild animals, fierce yet shy in their joy.

Después de un rato, el lobo se alejó trotando con calma y propósito.

After a while, the wolf trotted off with calm purpose.

Le demostró claramente a Buck que tenía la intención de que lo siguieran.

He clearly showed Buck that he meant to be followed.

Corrieron uno al lado del otro a través de la penumbra del crepúsculo.

They ran side by side through the twilight gloom.

Siguieron el lecho del arroyo hasta el desfiladero rocoso.

They followed the creek bed up into the rocky gorge.

Cruzaron una divisoria fría donde había comenzado el arroyo.

They crossed a cold divide where the stream had begun.

En la ladera más alejada encontraron un extenso bosque y numerosos arroyos.

On the far slope they found wide forest and many streams.

Por esta vasta tierra corrieron durante horas sin parar.

Through this vast land, they ran for hours without stopping.

El sol salió más alto, el aire se calentó, pero ellos siguieron corriendo.

The sun rose higher, the air grew warm, but they ran on.

Buck estaba lleno de alegría: sabía que estaba respondiendo a su llamado.

Buck was filled with joy—he knew he was answering his calling.

Corrió junto a su hermano del bosque, más cerca de la fuente del llamado.

He ran beside his forest brother, closer to the call's source.

Los viejos sentimientos regresaron, poderosos y difíciles de ignorar.

Old feelings returned, powerful and hard to ignore.

Éstas eran las verdades detrás de los recuerdos de sus sueños.

These were the truths behind the memories from his dreams.

Todo esto ya lo había hecho antes, en un mundo distante y sombrío.

He had done all this before in a distant and shadowy world.

Ahora lo hizo de nuevo, corriendo salvajemente con el cielo abierto encima.

Now he did this again, running wild with the open sky above.

Se detuvieron en un arroyo para beber del agua fría que fluía.

They stopped at a stream to drink from the cold flowing water.

Mientras bebía, Buck de repente recordó a John Thornton.

As he drank, Buck suddenly remembered John Thornton.

Se sentó en silencio, desgarrado por la atracción de la lealtad y el llamado.

He sat down in silence, torn by the pull of loyalty and the calling.

El lobo siguió trotando, pero regresó para impulsar a Buck a seguir adelante.

The wolf trotted on, but came back to urge Buck forward.

Le olisqueó la nariz y trató de convencerlo con gestos suaves.

He sniffed his nose and tried to coax him with soft gestures.

Pero Buck se dio la vuelta y comenzó a regresar por donde había venido.

But Buck turned around and started back the way he came.

El lobo corrió a su lado durante un largo rato, gimiendo silenciosamente.

The wolf ran beside him for a long time, whining quietly.

Luego se sentó, levantó la nariz y dejó escapar un largo aullido.

Then he sat down, raised his nose, and let out a long howl.

Fue un grito triste, que se suavizó cuando Buck se alejó.

It was a mournful cry, softening as Buck walked away.

Buck escuchó mientras el sonido del grito se desvanecía lentamente en el silencio del bosque.

Buck listened as the sound of the cry faded slowly into the forest silence.

John Thornton estaba cenando cuando Buck irrumpió en el campamento.

John Thornton was eating dinner when Buck burst into the camp.

Buck saltó sobre él salvajemente, lamiéndolo, mordiéndolo y haciéndolo caer.

Buck leapt upon him wildly, licking, biting, and tumbling him.

Lo derribó, se subió encima y le besó la cara.

He knocked him over, scrambled on top, and kissed his face.

Thornton lo llamó con cariño "hacer el tonto en general".

Thornton called this "playing the general tom-fool" with affection.

Mientras tanto, maldijo a Buck suavemente y lo sacudió de un lado a otro.

All the while, he cursed Buck gently and shook him back and forth.

Durante dos días y dos noches enteras, Buck no abandonó el campamento ni una sola vez.

For two whole days and nights, Buck never left the camp once.

Se mantuvo cerca de Thornton y nunca lo perdió de vista.

He kept close to Thornton and never let him out of his sight.

Lo siguió mientras trabajaba y lo observó mientras comía.

He followed him as he worked and watched him while he ate.

Acompañaba a Thornton con sus mantas por la noche y lo salía cada mañana.

He saw Thornton into his blankets at night and out each morning.

Pero pronto el llamado del bosque regresó, más fuerte que nunca.

But soon the forest call returned, louder than ever before.

Buck volvió a inquietarse, agitado por los pensamientos del lobo salvaje.

Buck grew restless again, stirred by thoughts of the wild wolf.

Recordó el terreno abierto y correr uno al lado del otro.

He remembered the open land and running side by side.

Comenzó a vagar por el bosque una vez más, solo y alerta.

He began wandering into the forest once more, alone and alert.

Pero el hermano salvaje no regresó y el aullido no se escuchó.

But the wild brother did not return, and the howl was not heard.

Buck comenzó a dormir a la intemperie, manteniéndose alejado durante días.

Buck started sleeping outside, staying away for days at a time.

Una vez cruzó la alta divisoria donde había comenzado el arroyo.

Once he crossed the high divide where the creek had begun.

Entró en la tierra de la madera oscura y de los arroyos anchos y fluidos.

He entered the land of dark timber and wide flowing streams.

Durante una semana vagó en busca de señales del hermano salvaje.

For a week he roamed, searching for signs of the wild brother.

Mataba su propia carne y viajaba con pasos largos e incansables.

He killed his own meat and travelled with long, tireless strides.

Pescaba salmón en un ancho río que llegaba al mar.

He fished for salmon in a wide river that reached the sea.

Allí luchó y mató a un oso negro enloquecido por los insectos.

There, he fought and killed a black bear maddened by bugs.

El oso estaba pescando y corrió ciegamente entre los árboles.

The bear had been fishing and ran blindly through the trees.

La batalla fue feroz y despertó el profundo espíritu de lucha de Buck.

The battle was a fierce one, waking Buck's deep fighting spirit up.

Dos días después, Buck regresó y encontró glotones en su presa.

Two days later, Buck returned to find wolverines at his kill.

Una docena de ellos se pelearon con furia y ruidosidad por la carne.

A dozen of them quarreled over the meat in noisy fury.

Buck cargó y los dispersó como hojas en el viento.

Buck charged and scattered them like leaves in the wind.

Dos lobos permanecieron atrás, silenciosos, sin vida e inmóviles para siempre.

Two wolves remained behind—silent, lifeless, and unmoving forever.

La sed de sangre se hizo más fuerte que nunca.

The thirst for blood grew stronger than ever.

Buck era un cazador, un asesino, que se alimentaba de criaturas vivas.

Buck was a hunter, a killer, feeding off living creatures.

Sobrevivió solo, confiando en su fuerza y sus sentidos agudos.

He survived alone, relying on his strength and sharp senses.

Prosperó en la naturaleza, donde sólo los más resistentes podían vivir.

He thrived in the wild, where only the toughest could live.

A partir de esto, un gran orgullo surgió y llenó todo el ser de Buck.

From this, a great pride rose up and filled Buck's whole being.

Su orgullo se reflejaba en cada uno de sus pasos, en el movimiento de cada músculo.

His pride showed in his every step, in the ripple of every muscle.

Su orgullo era tan claro como sus palabras, y se reflejaba en su manera de comportarse.

His pride was as clear as speech, seen in how he carried himself.

Incluso su grueso pelaje parecía más majestuoso y brillaba más.

Even his thick coat looked more majestic and gleamed brighter.

Buck podría haber sido confundido con un lobo gigante.

Buck could have been mistaken for a giant timber wolf.

A excepción del color marrón en el hocico y las manchas sobre los ojos.

Except for brown on his muzzle and spots above his eyes.

Y la raya blanca de pelo que corría por el centro de su pecho.

And the white streak of fur that ran down the middle of his chest.

Era incluso más grande que el lobo más grande de esa feroz raza.

He was even larger than the biggest wolf of that fierce breed.

Su padre, un San Bernardo, le dio tamaño y complexión robusta.

His father, a St. Bernard, gave him size and heavy frame.

Su madre, una pastora, moldeó esa masa hasta darle forma de lobo.

His mother, a shepherd, shaped that bulk into wolf-like form.

Tenía el hocico largo de un lobo, aunque más pesado y ancho.

He had the long muzzle of a wolf, though heavier and broader.

Su cabeza era la de un lobo, pero construida en una escala enorme y majestuosa.

His head was a wolf's, but built on a massive, majestic scale.

La astucia de Buck era la astucia del lobo y de la naturaleza.

Buck's cunning was the cunning of the wolf and of the wild.

Su inteligencia provenía tanto del pastor alemán como del san bernardo.

His intelligence came from both the German Shepherd and St. Bernard.

Todo esto, más la dura experiencia, lo convirtieron en una criatura temible.

All this, plus harsh experience, made him a fearsome creature.

Era tan formidable como cualquier bestia que vagaba por las tierras salvajes del norte.

He was as formidable as any beast that roamed the northern wild.

Viviendo sólo de carne, Buck alcanzó el máximo nivel de su fuerza.

Living only on meat, Buck reached the full peak of his strength.

Rebosaba poder y fuerza masculina en cada fibra de él.

He overflowed with power and male force in every fiber of him.

Cuando Thornton le acarició la espalda, sus pelos brillaron con energía.

When Thornton stroked his back, the hairs sparked with energy.

Cada cabello crujió, cargado con el toque de un magnetismo vivo.

Each hair crackled, charged with the touch of living magnetism.

Su cuerpo y su cerebro estaban afinados al máximo nivel posible.

His body and brain were tuned to the finest possible pitch.

Cada nervio, fibra y músculo trabajaba en perfecta armonía.

Every nerve, fiber, and muscle worked in perfect harmony.

Ante cualquier sonido o visión que requiriera acción, él respondía instantáneamente.

To any sound or sight needing action, he responded instantly.

Si un husky saltaba para atacar, Buck podía saltar el doble de rápido.

If a husky leaped to attack, Buck could leap twice as fast.

Reaccionó más rápido de lo que los demás pudieron verlo o escuchar.

He reacted quicker than others could even see or hear.

La percepción, la decisión y la acción se produjeron en un momento fluido.

Perception, decision, and action all came in one fluid moment.

En realidad, estos actos fueron separados, pero demasiado rápidos para notarlos.

In truth, these acts were separate, but too fast to notice.

Los intervalos entre estos actos fueron tan breves que parecían uno solo.

So brief were the gaps between these acts, they seemed as one.

Sus músculos y su ser eran como resortes fuertemente enrollados.

His muscles and being was like tightly coiled springs.

Su cuerpo rebosaba de vida, salvaje y alegre en su poder.

His body surged with life, wild and joyful in its power.

A veces sentía como si la fuerza fuera a estallar fuera de él por completo.

At times he felt like the force was going to burst out of him entirely.

"Nunca vi un perro así", dijo Thornton un día tranquilo.

"Never was there such a dog," Thornton said one quiet day.

Los socios observaron a Buck alejarse orgullosamente del campamento.

The partners watched Buck striding proudly from the camp.

"Cuando lo crearon, cambió lo que un perro puede ser", dijo Pete.

"When he was made, he changed what a dog can be," said Pete.

—¡Por Dios! Yo también lo creo —respondió Hans rápidamente.

"By Jesus! I think so myself," Hans quickly agreed.

Lo vieron marcharse, pero no el cambio que vino después.

They saw him march off, but not the change that came after.

Tan pronto como entró en el bosque, Buck se transformó por completo.

As soon as he entered the woods, Buck transformed completely.

Ya no marchaba, sino que se movía como un fantasma salvaje entre los árboles.

He no longer marched, but moved like a wild ghost among trees.

Se quedó en silencio, con pasos de gato, un destello que pasaba entre las sombras.

He became silent, cat-footed, a flicker passing through shadows.

Utilizó la cubierta con habilidad, arrastrándose sobre su vientre como una serpiente.

He used cover with skill, crawling on his belly like a snake.

Y como una serpiente, podía saltar hacia adelante y atacar en silencio.

And like a snake, he could leap forward and strike in silence.

Podría robar una perdiz nival directamente de su nido escondido.

He could steal a ptarmigan straight from its hidden nest.

Mató conejos dormidos sin hacer un solo sonido.

He killed sleeping rabbits without a single sound.

Podía atrapar ardillas en el aire cuando huían demasiado lentamente.

He could catch chipmunks midair as they fled too slowly.

Ni siquiera los peces en los estanques podían escapar de sus ataques repentinos.

Even fish in pools could not escape his sudden strikes.

Ni siquiera los castores más inteligentes que arreglaban presas estaban a salvo de él.

Not even clever beavers fixing dams were safe from him.

Él mataba por comida, no por diversión, pero prefería matar a sus propias víctimas.

He killed for food, not for fun—but liked his own kills best.

Aun así, un humor astuto impregnaba algunas de sus cacerías silenciosas.

Still, a sly humor ran through some of his silent hunts.

Se acercó sigilosamente a las ardillas, pero las dejó escapar.

He crept up close to squirrels, only to let them escape.

Iban a huir hacia los árboles, parloteando con terrible indignación.

They were going to flee to the trees, chattering in fearful outrage.

A medida que llegaba el otoño, los alces comenzaron a aparecer en mayor número.

As fall came, moose began to appear in greater numbers.

Avanzaron lentamente hacia los valles bajos para encontrarse con el invierno.

They moved slowly into the low valleys to meet the winter.

Buck ya había derribado a un ternero joven y perdido.

Buck had already brought down one young, stray calf.

Pero anhelaba enfrentarse a presas más grandes y peligrosas.

But he longed to face larger, more dangerous prey.

Un día, en la divisoria, a la altura del nacimiento del arroyo, encontró su oportunidad.

One day on the divide, at the creek's head, he found his chance.

Una manada de veinte alces había cruzado desde tierras boscosas.

A herd of twenty moose had crossed from forested lands.

Entre ellos había un poderoso toro; el líder del grupo.

Among them was a mighty bull; the leader of the group.

El toro medía más de seis pies de alto y parecía feroz y salvaje.

The bull stood over six feet tall and looked fierce and wild.

Lanzó sus anchas astas, con catorce puntas ramificándose hacia afuera.

He tossed his wide antlers, fourteen points branching outward.

Las puntas de esas astas se extendían siete pies de ancho.

The tips of those antlers stretched seven feet across.

Sus pequeños ojos ardieron de rabia cuando vio a Buck cerca.

His small eyes burned with rage as he spotted Buck nearby.

Soltó un rugido furioso, temblando de furia y dolor.

He let out a furious roar, trembling with fury and pain.

Una punta de flecha sobresalía cerca de su flanco, emplumada y afilada.

An arrow-end stuck out near his flank, feathered and sharp.

Esta herida ayudó a explicar su humor salvaje y amargado.

This wound helped explain his savage, bitter mood.

Buck, guiado por su antiguo instinto de caza, hizo su movimiento.

Buck, guided by ancient hunting instinct, made his move.

Su objetivo era separar al toro del resto de la manada.

He aimed to separate the bull from the rest of the herd.

No fue una tarea fácil: requirió velocidad y una astucia feroz.

This was no easy task—it took speed and fierce cunning.

Ladró y bailó cerca del toro, fuera de su alcance.

He barked and danced near the bull, just out of range.

El alce atacó con enormes pezuñas y astas mortales.

The moose lunged with huge hooves and deadly antlers.

Un golpe podría haber acabado con la vida de Buck en un instante.

One blow could have ended Buck's life in a heartbeat.

Incapaz de dejar atrás la amenaza, el toro se volvió loco.

Unable to leave the threat behind, the bull grew mad.

Él cargó con furia, pero Buck siempre se le escapaba.

He charged in fury, but Buck always slipped away.

Buck fingió debilidad, lo que lo alejó aún más de la manada.

Buck faked weakness, luring him farther from the herd.

Pero los toros jóvenes estaban a punto de atacar para proteger al líder.

But young bulls were going to charge back to protect the leader.

Obligaron a Buck a retirarse y al toro a reincorporarse al grupo.

They forced Buck to retreat and the bull to rejoin the group.

Hay una paciencia en lo salvaje, profunda e imparable.

There is a patience in the wild, deep and unstoppable.

Una araña espera inmóvil en su red durante incontables horas.

A spider waits motionless in its web for countless hours.

Una serpiente se enrosca sin moverse y espera hasta que llega el momento.

A snake coils without twitching, and waits till it is time.

Una pantera acecha hasta que llega el momento.

A panther lies in ambush, until the moment arrives.

Ésta es la paciencia de los depredadores que cazan para sobrevivir.

This is the patience of predators who hunt to survive.

Esa misma paciencia ardía dentro de Buck mientras se quedaba cerca.

That same patience burned inside Buck as he stayed close.

Se quedó cerca de la manada, frenando su marcha y sembrando el miedo.

He stayed near the herd, slowing its march and stirring fear.

Provocaba a los toros jóvenes y acosaba a las vacas madres.

He teased the young bulls and harassed the mother cows.

Empujó al toro herido hacia una rabia más profunda e impotente.

He drove the wounded bull into a deeper, helpless rage.

Durante medio día, la lucha se prolongó sin descanso alguno.

For half a day, the fight dragged on with no rest at all.

Buck atacó desde todos los ángulos, rápido y feroz como el viento.

Buck attacked from every angle, fast and fierce as wind.

Impidió que el toro descansara o se escondiera con su manada.

He kept the bull from resting or hiding with its herd.

Buck desgastó la voluntad del alce más rápido que su cuerpo.

Buck wore down the moose's will faster than its body.

El día transcurrió y el sol se hundió en el cielo del noroeste.

The day passed and the sun sank low in the northwest sky.

Los toros jóvenes regresaron más lentamente para ayudar a su líder.

The young bulls returned more slowly to help their leader.

Las noches de otoño habían regresado y la oscuridad ahora duraba seis horas.

Fall nights had returned, and darkness now lasted six hours.

El invierno los estaba empujando cuesta abajo hacia valles más seguros y cálidos.

Winter was pressing them downhill into safer, warmer valleys.

Pero aún así no pudieron escapar del cazador que los retenía.

But still they couldn't escape the hunter that held them back.

Sólo una vida estaba en juego: no la de la manada, sino la de su líder.

Only one life was at stake—not the herd's, just their leader's.

Eso hizo que la amenaza fuera distante y no su preocupación urgente.

That made the threat distant and not their urgent concern.

Con el tiempo, aceptaron ese coste y dejaron que Buck se llevara al viejo toro.

In time, they accepted this cost and let Buck take the old bull.

Al caer la tarde, el viejo toro permanecía con la cabeza gacha.

As twilight settled in, the old bull stood with his head down.

Observó cómo la manada que había guiado se desvanecía en la luz que se desvanecía.

He watched the herd he had led vanish into the fading light.

Había vacas que había conocido, terneros que una vez había engendrado.

There were cows he had known, calves he had once fathered.

Había toros más jóvenes con los que había luchado y gobernado en temporadas pasadas.

There were younger bulls he had fought and ruled in past seasons.

No pudo seguirlos, pues frente a él estaba agazapado nuevamente Buck.

He could not follow them—for before him crouched Buck again.

El terror despiadado con colmillos bloqueó cualquier camino que pudiera tomar.

The merciless fanged terror blocked every path he might take.

El toro pesaba más de trescientos kilos de densa potencia.

The bull weighed more than three hundredweight of dense power.

Había vivido mucho tiempo y luchado con ahínco en un mundo de luchas.

He had lived long and fought hard in a world of struggle.

Pero ahora, al final, la muerte vino de una bestia muy inferior a él.

Yet now, at the end, death came from a beast far beneath him.

La cabeza de Buck ni siquiera llegó a alcanzar las enormes rodillas del toro.

Buck's head did not even rise to the bull's huge knuckled knees.

A partir de ese momento, Buck permaneció con el toro noche y día.

From that moment on, Buck stayed with the bull night and day.

Nunca le dio descanso, nunca le permitió pastar ni beber.

He never gave him rest, never allowed him to graze or drink.

El toro intentó comer brotes tiernos de abedul y hojas de sauce.

The bull tried to eat young birch shoots and willow leaves.

Pero Buck lo ahuyentó, siempre alerta y siempre atacando.

But Buck drove him off, always alert and always attacking.

Incluso ante arroyos que goteaban, Buck bloqueó cada intento de sed.

Even at trickling streams, Buck blocked every thirsty attempt.

A veces, desesperado, el toro huía a toda velocidad.

Sometimes, in desperation, the bull fled at full speed.

Buck lo dejó correr, trotando tranquilamente detrás, nunca muy lejos.

Buck let him run, loping calmly just behind, never far away.

Cuando el alce se detuvo, Buck se acostó, pero se mantuvo listo.

When the moose paused, Buck lay down, but stayed ready.

Si el toro intentaba comer o beber, Buck atacaba con toda furia.

If the bull tried to eat or drink, Buck struck with full fury.

La gran cabeza del toro se hundió aún más bajo sus enormes astas.

The bull's great head sagged lower under its vast antlers.

Su paso se hizo más lento, el trote se hizo pesado, un paso tambaleante.

His pace slowed, the trot became a heavy; a stumbling walk.

A menudo se quedaba quieto con las orejas caídas y la nariz pegada al suelo.

He often stood still with drooped ears and nose to the ground.

Durante esos momentos, Buck se tomó tiempo para beber y descansar.

During those moments, Buck took time to drink and rest.

Con la lengua afuera y los ojos fijos, Buck sintió que la tierra estaba cambiando.

Tongue out, eyes fixed, Buck sensed the land was changing.

Sintió algo nuevo moviéndose a través del bosque y el cielo.

He felt something new moving through the forest and sky.

A medida que los alces regresaban, también lo hacían otras criaturas salvajes.

As moose returned, so did other creatures of the wild.

La tierra se sentía viva, con presencia, invisible pero fuertemente conocida.

The land felt alive with presence, unseen but strongly known.

No fue por el sonido, ni por la vista, ni por el olfato que Buck supo esto.

It was not by sound, sight, nor by scent that Buck knew this.

Un sentimiento más profundo le decía que nuevas fuerzas estaban en movimiento.

A deeper sense told him that new forces were on the move.

Una vida extraña se agitaba en los bosques y a lo largo de los arroyos.

Strange life stirred through the woods and along the streams.

Decidió explorar este espíritu, después de que la caza se completara.

He resolved to explore this spirit, after the hunt was complete.

Al cuarto día, Buck finalmente logró derribar al alce.

On the fourth day, Buck brought down the moose at last.

Se quedó junto a la presa durante un día y una noche enteros, alimentándose y descansando.

He stayed by the kill for a full day and night, feeding and resting.

Comió, luego durmió, luego volvió a comer, hasta que estuvo fuerte y lleno.

He ate, then slept, then ate again, until he was strong and full.

Cuando estuvo listo, regresó hacia el campamento y Thornton.

When he was ready, he turned back toward camp and Thornton.

Con ritmo constante, inició el largo viaje de regreso a casa.

With steady pace, he began the long return journey home.

Corría con su incansable galope, hora tras hora, sin desviarse jamás.

He ran in his tireless lope, hour after hour, never once straying.

A través de tierras desconocidas, se movió recto como la aguja de una brújula.

Through unknown lands, he moved straight as a compass needle.

Su sentido de la orientación hacía que el hombre y el mapa parecieran débiles en comparación.

His sense of direction made man and map seem weak by comparison.

A medida que Buck corría, sentía con más fuerza la agitación en la tierra salvaje.

As Buck ran, he felt more strongly the stir in the wild land.

Era un nuevo tipo de vida, diferente a la de los tranquilos meses de verano.

It was a new kind of life, unlike that of the calm summer months.

Este sentimiento ya no llegaba como un mensaje sutil o distante.

This feeling no longer came as a subtle or distant message.

Ahora los pájaros hablaban de esta vida y las ardillas parloteaban sobre ella.

Now the birds spoke of this life, and squirrels chattered about it.

Incluso la brisa susurraba advertencias a través de los árboles silenciosos.

Even the breeze whispered warnings through the silent trees.

Varias veces se detuvo y olió el aire fresco de la mañana.

Several times he stopped and sniffed the fresh morning air.

Allí leyó un mensaje que le hizo avanzar más rápido.

He read a message there that made him leap forward faster.

Una fuerte sensación de peligro lo llenó, como si algo hubiera salido mal.

A heavy sense of danger filled him, as if something had gone wrong.

Temía que se avecinara una calamidad, o que ya hubiera ocurrido.

He feared calamity was coming—or had already come.

Cruzó la última cresta y entró en el valle de abajo.

He crossed the last ridge and entered the valley below.

Se movió más lentamente, alerta y cauteloso con cada paso.

He moved more slowly, alert and cautious with every step.

A tres millas de distancia encontró un nuevo rastro que lo hizo ponerse rígido.

Three miles out he found a fresh trail that made him stiffen.

El cabello de su cuello se onduló y se erizó en señal de alarma.

The hair along his neck rippled and bristled in alarm.

El sendero conducía directamente al campamento donde Thornton esperaba.

The trail led straight toward the camp where Thornton waited.

Buck se movió más rápido ahora, su paso era silencioso y rápido.

Buck moved faster now, his stride both silent and swift.

Sus nervios se tensaron al leer señales que otros no verían.

His nerves tightened as he read signs others were going to miss.

Cada detalle del recorrido contaba una historia, excepto la pieza final.

Each detail in the trail told a story—except the final piece.

Su nariz le contaba sobre la vida que había transcurrido por allí.

His nose told him about the life that had passed this way.

El olor le dio una imagen cambiante mientras lo seguía de cerca.

The scent gave him a changing picture as he followed close behind.

Pero el bosque mismo había quedado en silencio; anormalmente quieto.

But the forest itself had gone quiet; unnaturally still.

Los pájaros habían desaparecido, las ardillas estaban escondidas, silenciosas y quietas.

Birds had vanished, squirrels were hidden, silent and still.

Sólo vio una ardilla gris, tumbada sobre un árbol muerto.

He saw only one gray squirrel, flat on a dead tree.

La ardilla se mimetizó, rígida e inmóvil como una parte del bosque.

The squirrel blended in, stiff and motionless like a part of the forest.

Buck se movía como una sombra, silencioso y seguro entre los árboles.

Buck moved like a shadow, silent and sure through the trees.

Su nariz se movió hacia un lado como si una mano invisible la tirara.

His nose jerked sideways as if pulled by an unseen hand.

Se giró y siguió el nuevo olor hasta lo profundo de un matorral.

He turned and followed the new scent deep into a thicket.

Allí encontró a Nig, que yacía muerto, atravesado por una flecha.

There he found Nig, lying dead, pierced through by an arrow.

La flecha atravesó su cuerpo y aún se le veían las plumas.

The shaft passed clear through his body, feathers still showing.

Nig se arrastró hasta allí, pero murió antes de llegar para recibir ayuda.

Nig had dragged himself there, but died before reaching help.

Cien metros más adelante, Buck encontró otro perro de trineo.

A hundred yards farther on, Buck found another sled dog.

Era un perro que Thornton había comprado en Dawson City.

It was a dog that Thornton had bought back in Dawson City.

El perro se encontraba en una lucha a muerte, agitándose con fuerza en el camino.

The dog was in a death struggle, thrashing hard on the trail.

Buck pasó a su alrededor, sin detenerse, con los ojos fijos hacia adelante.

Buck passed around him, not stopping, eyes fixed ahead.

Desde la dirección del campamento llegaba un canto distante y rítmico.

From the direction of the camp came a distant, rhythmic chant.

Las voces subían y bajaban en un tono extraño, inquietante y cantarín.

Voices rose and fell in a strange, eerie, sing-song tone.

Buck se arrastró hacia el borde del claro en silencio.

Buck crawled forward to the edge of the clearing in silence.

Allí vio a Hans tendido boca abajo, atravesado por muchas flechas.

There he saw Hans lying face-down, pierced with many arrows.

Su cuerpo parecía el de un puercoespín, erizado de plumas.

His body looked like a porcupine, bristling with feathered shafts.

En ese mismo momento, Buck miró hacia la cabaña en ruinas.

At the same moment, Buck looked toward the ruined lodge.

La visión hizo que se le erizara el pelo de la nuca y de los hombros.

The sight made the hair rise stiff on his neck and shoulders.

Una tormenta de furia salvaje recorrió todo el cuerpo de Buck.

A storm of wild rage swept through Buck's whole body.

Gruñó en voz alta, aunque no sabía que lo había hecho.

He growled aloud, though he did not know that he had.

El sonido era crudo, lleno de furia aterradora y salvaje.

The sound was raw, filled with terrifying, savage fury.

Por última vez en su vida, Buck perdió la razón ante la emoción.

For the last time in his life, Buck lost reason to emotion.

Fue el amor por John Thornton lo que rompió su cuidadoso control.

It was love for John Thornton that broke his careful control.

Los Yeehats estaban bailando alrededor de la cabaña de abetos en ruinas.

The Yeehats were dancing around the wrecked spruce lodge.

Entonces se escuchó un rugido y una bestia desconocida cargó hacia ellos.

Then came a roar—and an unknown beast charged toward them.

Era Buck; una furia en movimiento; una tormenta viviente de venganza.

It was Buck; a fury in motion; a living storm of vengeance.

Se arrojó en medio de ellos, loco por la necesidad de matar.

He flung himself into their midst, mad with the need to kill.

Saltó hacia el primer hombre, el jefe Yeehat, y acertó.

He leapt at the first man, the Yeehat chief, and struck true.

Su garganta fue desgarrada y la sangre brotó a chorros.

His throat was ripped open, and blood spouted in a stream.

Buck no se detuvo, sino que desgarró la garganta del siguiente hombre de un salto.

Buck did not stop, but tore the next man's throat with one leap.

Era imparable: desgarraba, cortaba y nunca se detenía a descansar.

He was unstoppable—ripping, slashing, never pausing to rest.

Se lanzó y saltó tan rápido que sus flechas no pudieron tocarlo.

He darted and sprang so fast their arrows could not touch him.

Los Yeehats estaban atrapados en su propio pánico y confusión.

The Yeehats were caught in their own panic and confusion.

Sus flechas no alcanzaron a Buck y se alcanzaron entre sí.

Their arrows missed Buck and struck one another instead.

Un joven le lanzó una lanza a Buck y golpeó a otro hombre.

One youth threw a spear at Buck and hit another man.

La lanza le atravesó el pecho y la punta le atravesó la espalda.

The spear drove through his chest, the point punching out his back.

El terror se apoderó de los Yeehats y se retiraron por completo.

Terror swept over the Yeehats, and they broke into full retreat.

Gritaron al Espíritu Maligno y huyeron hacia las sombras del bosque.

They screamed of the Evil Spirit and fled into the forest shadows.

En verdad, Buck era como un demonio mientras perseguía a los Yeehats.

Truly, Buck was like a demon as he chased the Yeehats down.

Él los persiguió a través del bosque, derribándolos como si fueran ciervos.

He tore after them through the forest, bringing them down like deer.

Se convirtió en un día de destino y terror para los asustados Yeehats.

It became a day of fate and terror for the frightened Yeehats.

Se dispersaron por toda la tierra, huyendo lejos en todas direcciones.

They scattered across the land, fleeing far in every direction.

Pasó una semana entera antes de que los últimos supervivientes se reunieran en un valle.

A full week passed before the last survivors met in a valley.

Sólo entonces contaron sus pérdidas y hablaron de lo sucedido.

Only then did they count their losses and speak of what happened.

Buck, después de cansarse de la persecución, regresó al campamento en ruinas.

Buck, after tiring of the chase, returned to the ruined camp.

Encontró a Pete, todavía en sus mantas, muerto en el primer ataque.

He found Pete, still in his blankets, killed in the first attack.

Las señales de la última lucha de Thornton estaban marcadas en la tierra cercana.

Signs of Thornton's last struggle were marked in the dirt nearby.

Buck siguió cada rastro, olfateando cada marca hasta un punto final.

Buck followed every trace, sniffing each mark to a final point.

En el borde de un estanque profundo, encontró al fiel Skeet, tumbado inmóvil.

At the edge of a deep pool, he found faithful Skeet, lying still.

La cabeza y las patas delanteras de Skeet estaban en el agua, inmóviles por la muerte.

Skeet's head and front paws were in the water, unmoving in death.

La piscina estaba fangosa y contaminada por el agua que salía de las compuertas.

The pool was muddy and tainted with runoff from the sluice boxes.

Su superficie nublada ocultaba lo que había debajo, pero Buck sabía la verdad.

Its cloudy surface hid what lay beneath, but Buck knew the truth.

Siguió el rastro del olor de Thornton hasta la piscina, pero el olor no lo condujo a ningún otro lugar.

He tracked Thornton's scent into the pool—but the scent led nowhere else.

No había ningún olor que indicara que salía, solo el silencio de las aguas profundas.

There was no scent leading out—only the silence of deep water.

Buck permaneció todo el día cerca de la piscina, paseando de un lado a otro del campamento con tristeza.

All day Buck stayed near the pool, pacing the camp in grief.

Vagaba inquieto o permanecía sentado en silencio, perdido en pesados pensamientos.

He wandered restlessly or sat in stillness, lost in heavy thought.

Él conocía la muerte; el fin de la vida; la desaparición de todo movimiento.

He knew death; the ending of life; the vanishing of all motion.

Comprendió que John Thornton se había ido y que nunca regresaría.

He understood that John Thornton was gone, never to return.

La pérdida dejó en él un vacío que palpitaba como el hambre.

The loss left an empty space in him that throbbed like hunger.

Pero ésta era un hambre que la comida no podía calmar, por mucho que comiera.

But this was a hunger food could not ease, no matter how much he ate.

A veces, mientras miraba a los Yeehats muertos, el dolor se desvanecía.

At times, as he looked at the dead Yeehats, the pain faded.

Y entonces un orgullo extraño surgió dentro de él, feroz y completo.

And then a strange pride rose inside him, fierce and complete.

Había matado al hombre, la presa más alta y peligrosa de todas.

He had killed man, the highest and most dangerous game of all.

Había matado desafiando la antigua ley del garrote y el colmillo.

He had killed in defiance of the ancient law of club and fang.

Buck olió sus cuerpos sin vida, curioso y pensativo.
Buck sniffed their lifeless bodies, curious and thoughtful.
Habían muerto con tanta facilidad, mucho más fácil que un husky en una pelea.
They had died so easily—much easier than a husky in a fight.
Sin sus armas, no tenían verdadera fuerza ni representaban una amenaza.
Without their weapons, they had no true strength or threat.
Buck nunca volvería a temerles, a menos que estuvieran armados.
Buck was never going to fear them again, unless they were armed.
Sólo tenía cuidado cuando llevaban garrotes, lanzas o flechas.
Only when they carried clubs, spears, or arrows he'd beware.

Cayó la noche y la luna llena se elevó por encima de las copas de los árboles.
Night fell, and a full moon rose high above the tops of the trees.
La pálida luz de la luna bañaba la tierra con un resplandor suave y fantasmal, como el del día.
The moon's pale light bathed the land in a soft, ghostly glow like day.
A medida que la noche avanzaba, Buck seguía de luto junto al estanque silencioso.
As the night deepened, Buck still mourned by the silent pool.
Entonces se dio cuenta de que había un movimiento diferente en el bosque.
Then he became aware of a different stirring in the forest.
El movimiento no provenía de los Yeehats, sino de algo más antiguo y más profundo.
The stirring was not from the Yeehats, but from something older and deeper.
Se puso de pie, con las orejas levantadas y la nariz palpando la brisa con cuidado.
He stood up, ears lifted, nose testing the breeze with care.

Desde lejos llegó un grito débil y agudo que rompió el silencio.

From far away came a faint, sharp yelp that pierced the silence.

Luego, un coro de gritos similares siguió de cerca al primero.

Then a chorus of similar cries followed close behind the first.

El sonido se acercaba cada vez más y se hacía más fuerte a cada momento que pasaba.

The sound drew nearer, growing louder with each passing moment.

Buck conocía ese grito: venía de ese otro mundo en su memoria.

Buck knew this cry—it came from that other world in his memory.

Caminó hasta el centro del espacio abierto y escuchó atentamente.

He walked to the center of the open space and listened closely.

El llamado resonó, múltiple y más poderoso que nunca.

The call rang out, many-noted and more powerful than ever.

Y ahora, más que nunca, Buck estaba listo para responder a su llamado.

And now, more than ever before, Buck was ready to answer his calling.

John Thornton había muerto y ya no tenía ningún vínculo con el hombre.

John Thornton was dead, and no tie to man remained within him.

El hombre y todos sus derechos humanos habían desaparecido: él era libre por fin.

Man and all human claims were gone—he was free at last.

La manada de lobos estaba persiguiendo carne como lo hicieron alguna vez los Yeehats.

The wolf pack were chasing meat like the Yeehats once had.

Habían seguido a los alces desde las tierras boscosas.

They had followed moose down from the timbered lands.

Ahora, salvajes y hambrientos de presa, cruzaron hacia su valle.

Now, wild and hungry for prey, they crossed into his valley.

Llegaron al claro iluminado por la luna, fluyendo como agua plateada.

Into the moonlit clearing they came, flowing like silver water.

Buck permaneció quieto en el centro, inmóvil y esperándolos.

Buck stood still in the center, motionless and waiting for them.

Su tranquila y gran presencia dejó a la manada en un breve silencio.

His calm, large presence stunned the pack into a brief silence.

Entonces el lobo más atrevido saltó hacia él sin dudarlo.

Then the boldest wolf leapt straight at him without hesitation.

Buck atacó rápidamente y rompió el cuello del lobo de un solo golpe.

Buck struck fast and broke the wolf's neck in a single blow.

Se quedó inmóvil nuevamente mientras el lobo moribundo se retorcía detrás de él.

He stood motionless again as the dying wolf twisted behind him.

Tres lobos más atacaron rápidamente, uno tras otro.

Three more wolves attacked quickly, one after the other.

Todos retrocedieron sangrando, con la garganta o los hombros destrozados.

Each retreated bleeding, their throats or shoulders slashed.

Eso fue suficiente para que toda la manada se lanzara a una carga salvaje.

That was enough to trigger the whole pack into a wild charge.

Se precipitaron juntos, demasiado ansiosos y apiñados para golpear bien.

They rushed in together, too eager and crowded to strike well.

La velocidad y habilidad de Buck le permitieron mantenerse por delante del ataque.

Buck's speed and skill allowed him to stay ahead of the attack.

Giró sobre sus patas traseras, chasqueando y golpeando en todas direcciones.

He spun on his hind legs, snapping and striking in all directions.

Para los lobos, esto parecía como si su defensa nunca se abriera ni flaqueara.

To the wolves, this seemed like his defense never opened or faltered.

Se giró y atacó tan rápido que no pudieron alcanzarlo.

He turned and slashed so quickly they could not get behind him.

Sin embargo, su número le obligó a ceder terreno y retroceder.

Nonetheless, their numbers forced him to give ground and fall back.

Pasó junto a la piscina y bajó al lecho rocoso del arroyo.

He moved past the pool and down into the rocky creek bed.

Allí se topó con un empinado banco de grava y tierra.

There he came up against a steep bank of gravel and dirt.

Se metió en un rincón cortado durante la antigua excavación de los mineros.

He edged into a corner cut during the miners' old digging.

Ahora, protegido por tres lados, Buck se enfrentaba únicamente al lobo frontal.

Now, protected on three sides, Buck faced only the front wolf.

Allí se mantuvo a raya, listo para la siguiente ola de asalto.

There, he stood at bay, ready for the next wave of assault.

Buck se mantuvo firme con tanta fiereza que los lobos retrocedieron.

Buck held his ground so fiercely that the wolves drew back.

Después de media hora, estaban agotados y visiblemente derrotados.

After half an hour, they were worn out and visibly defeated.

Sus lenguas colgaban y sus colmillos blancos brillaban a la luz de la luna.

Their tongues hung out, their white fangs gleamed in moonlight.

Algunos lobos se tumbaron, con la cabeza levantada y las orejas apuntando hacia Buck.

Some wolves lay down, heads raised, ears pricked toward Buck.

Otros permanecieron inmóviles, alertas y observando cada uno de sus movimientos.

Others stood still, alert and watching his every move.

Algunos se acercaron a la piscina y bebieron agua fría.

A few wandered to the pool and lapped up cold water.

Entonces un lobo gris, largo y delgado, se acercó sigilosamente.

Then one long, lean gray wolf crept forward in a gentle way.

Buck lo reconoció: era el hermano salvaje de antes.

Buck recognized him—it was the wild brother from before.

El lobo gris gimió suavemente y Buck respondió con un gemido.

The gray wolf whined softly, and Buck replied with a whine.

Se tocaron las narices, en silencio y sin amenaza ni miedo.

They touched noses, quietly and without threat or fear.

Luego vino un lobo más viejo, demacrado y lleno de cicatrices por muchas batallas.

Next came an older wolf, gaunt and scarred from many battles.

Buck empezó a gruñir, pero se detuvo y olió la nariz del viejo lobo.

Buck started to snarl, but paused and sniffed the old wolf's nose.

El viejo se sentó, levantó la nariz y aulló a la luna.

The old one sat down, raised his nose, and howled at the moon.

El resto de la manada se sentó y se unió al largo aullido.

The rest of the pack sat down and joined in the long howl.

Y ahora el llamado llegó a Buck, inconfundible y fuerte.

And now the call came to Buck, unmistakable and strong.

Se sentó, levantó la cabeza y aulló con los demás.

He sat down, lifted his head, and howled with the others.

Cuando terminaron los aullidos, Buck salió de su refugio rocoso.

When the howling ended, Buck stepped out of his rocky shelter.

La manada se cerró a su alrededor, olfateando con amabilidad y cautela.

The pack closed in around him, sniffing both kindly and warily.

Entonces los líderes dieron un grito y salieron corriendo hacia el bosque.

Then the leaders gave the yelp and dashed off into the forest.

Los demás lobos los siguieron, aullando a coro, salvajes y rápidos en la noche.

The other wolves followed, yelping in chorus, wild and fast in the night.

Buck corrió con ellos, al lado de su hermano salvaje, aullando mientras corría.

Buck ran with them, beside his wild brother, howling as he ran.

Aquí la historia de Buck llega bien a su fin.

Here, the story of Buck does well to come to its end.

En los años siguientes, los Yeehat notaron lobos extraños.

In the years that followed, the Yeehats noticed strange wolves.

Algunos tenían la cabeza y el hocico de color marrón y el pecho de color blanco.

Some had brown on their heads and muzzles, white on the chest.

Pero aún más temían una figura fantasmal entre los lobos.

But even more, they feared a ghostly figure among the wolves.

Hablaban en susurros del Perro Fantasma, líder de la manada.

They spoke in whispers of the Ghost Dog, leader of the pack.

Este perro fantasma tenía más astucia que el cazador Yeehat más audaz.

This Ghost Dog had more cunning than the boldest Yeehat hunter.

El perro fantasma robó de los campamentos en pleno invierno y destrozó sus trampas.

The ghost dog stole from camps in deep winter and tore their traps apart.

El perro fantasma mató a sus perros y escapó de sus flechas sin dejar rastro.
The ghost dog killed their dogs and escaped their arrows without a trace.

Incluso sus guerreros más valientes temían enfrentarse a este espíritu salvaje.
Even their bravest warriors feared to face this wild spirit.

No, la historia se vuelve aún más oscura a medida que pasan los años en la naturaleza.
No, the tale grows darker still, as the years pass in the wild.

Algunos cazadores desaparecen y nunca regresan a sus campamentos distantes.
Some hunters vanish and never return to their distant camps.

Otros aparecen con la garganta abierta, muertos en la nieve.
Others are found with their throats torn open, slain in the snow.

Alrededor de sus cuerpos hay huellas más grandes que las que cualquier lobo podría dejar.
Around their bodies are tracks—larger than any wolf could make.

Cada otoño, los Yeehats siguen el rastro del alce.
Each autumn, Yeehats follow the trail of the moose.

Pero evitan un valle con el miedo grabado en lo profundo de sus corazones.
But they avoid one valley with fear carved deep into their hearts.

Dicen que el valle fue elegido por el Espíritu Maligno para vivir.
They say the valley is chosen by the Evil Spirit for his home.

Y cuando se cuenta la historia, algunas mujeres lloran junto al fuego.
And when the tale is told, some women weep beside the fire.

Pero en verano, un visitante llega a ese tranquilo valle sagrado.
But in summer, one visitor comes to that quiet, sacred valley.

Los Yeehats no saben de él, ni tampoco pueden entenderlo.
The Yeehats do not know of him, nor could they understand.

El lobo es grande, revestido de gloria, como ningún otro de su especie.

The wolf is a great one, coated in glory, like no other of his kind.

Él solo cruza el bosque verde y entra en el claro.

He alone crosses from green timber and enters the forest glade.

Allí, el polvo dorado de los sacos de piel de alce se filtra en el suelo.

There, golden dust from moose-hide sacks seeps into the soil.

La hierba y las hojas viejas han ocultado el amarillo al sol.

Grass and old leaves have hidden the yellow from the sun.

Aquí, el lobo permanece en silencio, pensando y recordando.

Here, the wolf stands in silence, thinking and remembering.

Aúlla una vez, largo y triste, antes de darse la vuelta para irse.

He howls once—long and mournful—before he turns to go.

Pero no siempre está solo en la tierra del frío y la nieve.

Yet he is not always alone in the land of cold and snow.

Cuando las largas noches de invierno descienden sobre los valles inferiores.

When long winter nights descend on the lower valleys.

Cuando los lobos persiguen a la presa a través de la luz de la luna y las heladas.

When the wolves follow game through moonlight and frost.

Luego corre a la cabeza del grupo, saltando alto y salvajemente.

Then he runs at the head of the pack, leaping high and wild.

Su figura se eleva sobre las demás y su garganta está llena de canciones.

His shape towers over the others, his throat alive with song.

Es la canción del mundo más joven, la voz de la manada.

It is the song of the younger world, the voice of the pack.

Canta mientras corre: fuerte, libre y eternamente salvaje.

He sings as he runs—strong, free, and forever wild.